국회 입법과정 개선에 관한 연구

곽 홍 규 저

홍 익 출 판 사

서 문

학문하는 사람들의 최고의 물음, 정의(正義)란 무엇인가에 대해 쉽게 대답 할 수 있는가? 이 세상에서 가치 있는 것은 정의, 아름다움, 진리의 셋뿐이지만 아마도 그 어느 것이나 간단히 정의 되지 못할 것이다. 그러나 정의에 대해서 플라톤은 「정의는 자신에게 알맞은 것을 소유하고 자신에게 알맞은 일을 하는 것」이라고 「공화국」에서 말한다.

이 대답은 실망스러울 수도 있을 것이다. 플라톤은 정의는 단순한 힘이 아니라 조화로운 – 온갖 욕망과 인간이 이성과 조직의 본질인 질서를 갖고 있는 – 힘이며 강자의 권리가 아니라 전체의 효과적인 조화이다. 그러나, 인간이 단순하다면 정의는 단순한 문제가 될 것이라고 말한다. 선이 이성적인 것을 의미하고 덕이 지혜를 의미한다면, 그리고 사람들이 그들의 진정한 이해관계를 깨닫고 그들의 행동이 먼 훗날의 결과를 간파해서 비판과 조정에 의해 그들의 욕망을 혼돈으로부터 벗어나 합목적적이고 창조적인 조화를 갖게 할 수 있다면 학식의 유무를 떠나 몸에 익히게 될 것이다.

이성적으로 통치되고 있는 사회 – 자유를 제한함으로서 개인으로부터 빼앗는 것보다는 오히려 권리의 확대에 의해 개인에게 돌려주는 것이 훨씬 많은 사회 – 에서는 각자의 이익은 사회적인 정직한 행위에 있으며 평화와 질서와 선의를 확보하기 위해서는 오직 명료한 통찰만이 필요할 것이다.

사상이 없는 곳에서 혼돈이 지배자가 되는 것은 당연한 일이며 군중은 무지 가운데서 서둘러 결정하고 조용할 때에는 후회하기 마련이다.

국가의 경영은 최대한의 이성을 요구하는 일이며 최고의 인물들의 자유로운 사상을 필요로 하는 문제이다. 가장 현명한 사람들에 의해 영도되지 않는다면 어떻게 사회가 구제되고 강해질 수 있을 것인가?

세계는 가장 현명한 인물에 의해 통치되어야 한다는 플라톤의 말은 본질적으로 올바르다. 우리는 정치가가 의사와 마찬가지로 철저한 전문적 훈련을 받아야 한다는 플라톤의 주장을 받아들일 수 있다. 선거인들이 충분한 훈련을 받고 충분한 자격을 갖춘 후보자들 중에서 선택해야 한다면 비슷비슷해서 구별하기 어려운 자들이 4년마다 무대에 나와 쇼를 떠는 지금보다는 민주적 선택의 폭이 훨씬 넓어 질 것이다.

자유민주주의를 신장시키기 위해서는 지성을 개선할 필요가 있다. 그러기 위해서는 영원히 지속되고 지고의 행복을 누리는 능력의 발견 또는 획득이 가능한지를 탐구하고 그러므로서 오직 지식만이 힘이며 자유라는 가치를 높이 세워서 지식의 추구와 지성의 환희만이 영원한 행복이라는 이념을 확립해 나가야 한다.

마치 스피노자에서처럼 오직 하나의 소망, 불가항력의 소망-세계의 참을 수 없는 혼돈을 통일과 질서로 바꾸려는 소망-을 학문하는 연구자라면 당연히 가져야 할 것이다.

국가의 궁극적인 목적은 인간을 지배하거나 공포에 의해 인간을 속박하는 것이 아니라 각자가 자신의 이웃을 해치지 않고 가능한 안전하게 살며 활동하도록 공포로부터 해방시키는 것이다. 또한 국가의 목적은 자유로운 이성을 발휘하도록 인간을 지도하는 것이다.

국가의 목표는 자유이다. 국가의 기능은 성장을 촉진하는 것이고 성장은 자유를 찾아내는 능력에 달려 있기 때문이다. 스피노자는 합리적인 항의나 토론이 허용되고 복종해야 한다고 말한다. 안녕과 질서는 사회 구성요소의 근본이기 때문이다.

본 책자는 입법학계에서 활발하게 논의되고 있는 과제의 하나인 국회 입법과정 개선에 관한 방안을 우리나라 입법여건과 입법과정을 고려하여 현실에 맞게 개선코자 연구한 박사학위 논문을 책 형식으로 출판한 것이다.

현대 헌법은 한 나라의 권력구조와 정치체제를 정하고 기본권 보호를 핵심 내용으로 한다. 정치체제인 정부형태는 국가에 따라 다양하나 민주주의와 권력분립 원리를 기본적 가치로 한다. 여기서 민주주의는 법치국가 원리에 의해 실현되며 어떠한 법이 만들어 지느냐는 한 국민의 삶에 직접적 영향을 미치게 된다. 제대로 된 법이 만들어 지기 위해서는 법이 만들어 지는 과정 즉 국회 입법과정이 민주적 · 합리적 · 효율적으로 제대로 되어 있어야 한다.

그러나 현재 국회 입법과정에서는 소수자의 의사표시가 무시되고, 대화와 토론의 설득과정이 생략되는 비민주적 요소가 존재하고, 정치적 상황과 사회적 여론 등에 의해 복잡한 과정을 거치면서 효율성이 저해되고, 신속한 입법이 필요한 사안임에도 정당간의 대립 및 이해관계의 충돌로 법안을 제때 처리하지 못하는 경우도 어렵지 않게 볼 수 있다.

그러므로 입법과정의 절차와 방식이 민주성과 효율성을 갖도록 법률안의 제출, 심의 및 의결, 공포에 이르는 입법과정의 개선에 관한 헌법적 논의 및 입법과정의 형식적, 절차적 측면의 개선뿐만 아니라 입법내용의 질적 측면의 개선, 입법평가제도의 도입을 통한 '실적 올리기'식의 법률안 제출, '졸속입법'이나 '부실입법'을 억제하고, 법률안의 책임성과 공익성을 높일 수 있도록 개선방안으로 연구 하였다.

본 논문은 위와 같이 국회 입법과정의 개선으로 입법과정의 민주성을 보장하고 효율성을 높여 국민에게 필요한 보다 바람직하고 올바른 법률이 제정 될 수 있도록 하는 것이며, 대의민주주의의 단점을 보완하여 민주주의와 실질적 법치주의를 실현 시키는 것이 궁극적인 목적이다.

이 논문은 많은 분들의 도움이 있었기에 완성될 수 있었다. 먼저 학부 시절부터 은사님으로서 인생의 지표를 설정해 주시고, 많은 조언과 가르침으로 본 논문을 완성 할 수 있도록 지도해 주신 박남규 교수님과 논문의 내용과 방향을 지도해 주신 김현태 교수님께 진심으로 감사드립니다.

논문의 심사위원장을 맡아 바쁜 일정에도 불구하고 열정적인 가르침으로 논문내용의 완성도를 높여주신 경남대학교 이종상 교수님께 깊은 감사드리며, 학내 · 외의 바쁜 일정에도 불구하고 기꺼이 심사위원을 맡아주시고 연구실로 불러 지도해 주신 김명용 교수님, 류병관 교수님께 감사드립니다. 그리고 원고정리 및 교정 작업에 많은 도움을 준 창원지방검찰청의 박해영 박사에게 진심으로 감사드립니다.

마지막으로, 이 논문이 나올 때까지 응원을 아끼지 않은 사랑스러운 아내 하미희와 아들 민석과 찬석, 그리고 저를 키워준 부모님과 형제분께 감사의 말을 전하고 싶습니다. 또한 끊임없이 학업을 할 수 있도록 정신적 · 물질적으로 도와주신 기업은행 임직원과도 출판의 기쁨을 함께 나누고자 합니다.

2015년 12월

창원대학교 법학박사 곽홍규 씀

목 차

제1장 서 론

제2장 국회 입법과정에 관한 일반론

제3장 주요국가의 입법제도

제4장 국회 입법제과정의 개선방안

제1장 서 론

제1절 연구의 목적

헌법은 한 나라의 권력구조와 정치체제를 정하고 기본권 보호를 핵심 내용으로 한다. 정치체제인 정부형태는 국가에 따라 다양하나, 민주주의와 권력분립 원리를 기본적 가치로 한다. 기본권 보호에서는 국민의 신체와 자유, 재산 등의 보장을 핵심적 내용으로 한다. 이와 같은 헌법은 근대 입헌주의 헌법의 제정과 이후 경험의 산물이다. 헌정사를 살펴보면 권력이 한 사람에게 집중되는 독재나 군주정 등의 정치체제에서 많은 폐해가 있었다. 특히, 근대이전의 군주정이나 절대왕정시대에서 국민의 기본적 권리는 다양한 미명하에 유린되었고 국민들의 삶은 피폐했다.

절대왕정 시대를 지나고 권리를 위한 투쟁의 과정을 통해서 몽테스키외는 3권 분립의 원칙을 주장하였다. 그 당시 그의 주장은 파격적이면서도 설득력이 있었다. 이후 미국 연방헌법 제정과 프랑스혁명의 발생에 영향을 주었다. 특히, 미국 연방헌법은 국가권력을 입법권·사법권·행정권으로 나누어 견제와 균형을 이루게 하는 정치체제를 만들었다. 권력분립의 원리는 근대 이후 민주주의를 이념으로 하는 국가에서 정부형태를 만드는 기본 원리가 되었다.

입법권은 국민의 자유를 제한하거나 의무를 부과하는 등의 정책을 추진하기 위해서 반드시 국민의 대표기관인 의회에서 민주적 절차에 따라 제정한 법률에 근거하여야 함을 의미한다. 입법권은 민주적 정당성을 가진 기관에 부여되어야 함으로 국민의 대표자로 구성된 국회에 속한다. 국회에서 제정되는 법률은 국민의 자유와 권리에 직접적 영향을 미치므로 입법의 목적뿐만 아니라 입법과정의 정당성도 필요하다.

입법과정은 민주적이어야 한다. 입법과정은 공동체 유지를 위한 활동이기면서도 공동체 구성원의 이해관계를 조정하는 기능을 한다. 국가에 대한 국민의 요구가 증가함에 따라 입법수요는 증가하고 입법의 과정에서 국민의 다원적 이익을 조정하고 반영해야 한다. 즉 국회가 일정한 입법정책 목표를 가지고 법률을 제정할 때에 일련의 절차를 거치게 되는 것을 입법과정(legislative process)이라고 하는데,[1)2)] 위와 같은 이유로 입법과정은 민주적이고 합리적이어야 한다.

입법과정은 효율적이어야 한다. 입법에 관한 국민의 요구에 신속하고 시의 적절하게 대응하기 위해서 입법과정은 효율적이어야 한다. 지금과 같이 빠르게 변화하고 진화하는 사회에서는 신속하게 입법이 이루어질 수 있는 입법과정의 효율성이 특히 더 중요하다. 하지만 국회는 회의체의 특성상 의사결정 과정에서 토록과 타협 등 일련의 민주적 절차를 거쳐야 한다. 이러한 과정은 입법과정의 효율성을 약화 시킨다. 입법과정에서 민주성과 동시에 효율성 확보하는 일이 모순관계에 있다고 생각할 수도 있지만 목적을 동시에 달성할 수 있도록 입법과정을 개선하는 노

1) 김병록, 국회의 위원회제도에 관한 연구 -민주성·전문성·효율성을 중심으로-, 헌법학연구 제8집 제2호, 한국헌법학회, 2002, 271면.

2) 이한규, "입법과정 개선에 관한 헌법적 연구", 고려대 박사학위논문, 2001, 1-2면; 정호영, 국회법론, 법문사, 2000, 64면; 이권우, "입법과정에 있어서의 입법부와 행정부 간의 협력", 법제연구 제13호, 한국법제연구원, 1997, 265면.

력이 필요하다. 그리고 입법과정에서 효율성은 소수자의 보호와 기회균등 보장을 전제로 한다.

그러나 국회 입법과정에서 비민주적 요소는 문제점으로 지적된다. 본회의와 위원회 또는 소위원회에서 의사는 공개되어야 하며, 대화와 토론을 거쳐 민주적으로 결정되어야 한다. 하지만 본회의와 위원회 또는 소위원회에서 의원은 각자 속한 정당의 당론에 따라 의견을 표명하고 투표하는 역할을 하고 있다. 정당국가화의 심화로 국회 본회의는 다양한 의견이 개진되는 토론과 대화의 장소가 아닌 정당 내지는 위원회에서 결정된 내용이 통과하는 형식적 장소가 되어버렸다. 소수자가 의사표시의 기회를 제대로 갖지 못하는 것은 특별한 일도 아니며, 이들을 위한 토론과 설득의 과정이 생략되기도 한다.

그리고 국회 입법과정의 비효율성도 문제점으로 지적된다. 법률안의 처리과정은 제출시의 정치적 상황과 사회적 여론 등에 의해 복잡한 과정을 거치면서 효율성이 저해되고 있다. 다양하게 분화되어 있는 현대사회의 특징과 여러 집단 간의 첨예하게 대립되는 이해관계도 입법과정의 효율성을 저해하는 원인이 되고 있다. 결과만을 중요시하여 입법과정을 거치면서 법률안이 원래 의도했던 목적이 퇴색되기도 하고 의도하지 않았던 결과를 초래하기도 한다. 신속한 입법이 필요한 사안임에도 정당간의 대립 및 이해관계의 충돌로 법안을 제때 처리하지 못하는 경우도 어렵지 않게 볼 수 있다.

입법과정의 절차와 방식이 민주성과 효율성을 갖도록 법률안의 제출, 심의 및 의결, 공포에 이르는 입법과정의 개선에 관한 헌법적 논의가 필요하다. 국회의 입법권은 법률을 제정·개정·폐지를 함으로써 끝나는 것이 아니라 국가의 시스템이나 기본권 보호의 측면, 사회 환경이나 규율대상의 변화에 따라 능동적으로 행사되어야 한다. 의회가 해야 할 이와 같은 책무의 원활한 수행을 위해서 입법과정의 개선에 관한 연구가 필요한 것이다.

입법과정의 개선은 형식적, 절차적 측면의 개선뿐만 아니라 입법의 내용, 질적 측면에서도 필요하다. 구체적 입법과정에서 민주적이지 못하거나 효율적이지 못한 절차적 규정을 개정해야 한다.

그리고 어떤 법령의 제정·개정·폐지에 따른 영향을 사전 및 사후에 분석하고 평가하여 그 결과가 입법과정에 반영될 수 있도록 입법평가제도의 도입에 대한 검토도 필요하다. 입법평가제도를 통해 입법의 목적과 내용에 대해서 보다 충분한 검토와 논의를 할 수 있으므로 법률의 완성도를 높일 수 있다. 입법평가제도의 도입을 통해 '실적 올리기'식의 법률안 제출, '졸속입법'이나 '부실입법'을 억제하고, 법률안의 책임성과 공익성을 높일 수 있을 것으로 예상되므로 개선방안에서 다루고자 한다.

국민의 입법과정 참여방안 확대에 대해서도 검토해 보고자 한다. 국민의 참여 확대는 주권자인 국민 개개인의 기본권보장과 입법과정의 민주적 정당성을 강화할 수 있다. 그리고 다양한 의견을 수렴할 수 있는 절차를 거치면서 입법과정의 투명성을 확보하고 법령의 질적 수준을 향상시키는 효과를 가져 올 수 있다.

본서는 위와 같이 국회 입법과정의 개선을 목적으로 한다. 입법과정의 민주성을 보장하고 효율성을 높여 국민에게 필요한 보다 바람직하고 올바른 법률이 제정될 수 있도록 하는 것이다. 특히, 국민의 참여 기회를 확대하고 입법평가제도 도입을 통해서 법률의 정당성 확보와 국회의 신뢰성을 제고할 수 있다. 대의민주주의의 단점을 보완하는 효과도 기대할 수 있다. 그리고 법의 집행단계에서 법률의 실효성을 제고시키고 법을 통한 사회변동을 가능하게 하여 민주주의와 실질적 법치주의의 실현에 기여할 것으로 생각된다.

제2절 연구의 범위 및 방법

Ⅰ. 연구의 범위

본서는 입법과정을 연구대상으로 한다. 입법과정에 관한 연구의 목적은 국회 입법과정의 문제점이 무엇인지 살펴보고 개선방안을 도출하여 보다 올바른 입법이 이루어지게 하는 것이다. 특정의 목적을 가진 법률안이 의회에 제출되고, 의회에서의 법률안을 심사 의결 후 정부에 이송하고, 대통령이 서명하고 공포함으로써 법률로써 효력이 발생하기까지의 절차인 입법과정(Legislative process)을 논의의 대상으로 한다.

입법은 법을 제정하는 과정이라고 할 수 있다. 법에는 실정법 이외에 관습법과 판례법 등도 포함하는 것으로 해석하기도 하나 본서에서 논의의 대상이 되는 법은 실정법에 한정된다. 입법은 법의 제정뿐만 아니라 개정도 포함한다.

입법은 헌법상 법치주의 원리를 실현하는 과정이다. 법치주의 원리를 추상적으로 선언하고 있는 헌법규범은 입법을 통하여 법률의 형태로 구체화되어 일반 국민에게 적용된다. 국가는 법률에 근거해서 법치주의 원리의 실현, 법과 질서의 확립 등을 위한 기능과 활동을 전개한다. 그러므로 입법과정은 민주적 정당성이 요구된다. 형식적·절차적인 요건의 충족과 질적 요건, 즉 충분한 토론과 심의를 거쳐 민주적 합의 도출에 관한 부분도 연구의 대상이 된다.

입법의 과정뿐만 아니라 법의 목적과 내용도 중요하다. 복잡한 형식적 과정을 거쳐 입법된 법의 내용과 목적에 문제가 있을 경우 큰 사회적 혼란을 야기할 수 있다. 이와 같은 이유는 입법평가의 도입에 관해 논의를 하려고 한다. 법의 제정으로 인해 얻는 이익과 그 반대되는 경우를 종합하여 고려하여야 할 필요성이 있다. 입법하고자 하는 법의 내용과 목적도 입법과정의 절차적 민주성 못지않게 중요하다.

입법과정에서 국민의 참여는 민주적 정당성 확보와 제정된 법률의 실효성을 높이는 중요한 방안으로서 논의의 대상으로 한다. 정부와 국회의원 등 입법자뿐만 아니라 유권자로서 국민·정당·이익단체 등이 다양하고 자유롭게 입법과정에 참여할 수 있는 방법의 모색을 논의의 대상으로 한다. 여기에는 정치적 소수자 보호에 대한 논의가 포함된다. 입법과정에서 소수자보호와 기회균등의 보장은 법률의 민주적 정당성 부여에서 중요한 의미를 가지기 때문이다.

이를 위하여 본서는 다음과 같이 구성한다.

제2장 국회 입법과정에 관한 일반론에서는 입법의 기능과 절차 및 내용에 대한 이론적 고찰을 한다. 입법의 개념을 명확히 하고, 입법 및 입법과정의 기능을 논의의 대상으로 한다. 그리고 국회에서의 입법과정 전체를 고찰의 대상으로 한다. 국회에서 제정되는 법률안의 제출, 법률안의 심의와 의결, 그리고 법률안의 공포 등의 절차에 따라 그 구체적 내용을 자세하게 살펴보았다.

제3장에서는 주요 국가의 입법과정을 비교해서 살펴보았다. 대의민주주의가 발달되어 의회가 합리적으로 운영되고 있는 주요 국가를 논의의 대상으로 한다. 영미법계를 대표하는 미국과 영국, 그리고 EU의 중심으로 유럽을 대표하는 독일, 지정학적·역사적으로 우리나라와 가깝고 문화·역사 및 법 제도 부분에서 많은 영향을 주고받는 일본을 대상으로 한다. 주요 국가의 입법과정의 특징과 시사점을 통해서 우리나라의 입법과정 개선방안에 참고하고자 한다.

제4장에서는 국회 입법과정의 문제점과 개선방안에 대해서 살펴본다.

입법과정의 민주성과 효율성을 동시에 달성하기 위해서 각 입법과정별 문제점을 살펴보고 개선방안을 제시한다. 먼저 실제 입법과정에서의 절차적 부분의 문제점과 개선방안을 검토한 다음, 입법평가제도의 도입, 국민 참여기회의 확대 방안에 대해서도 고찰한다.

제5장 결론에서는 위의 논의를 종합하여 정리한다. 국회에서 민주성과 효율성을 제고하면서 법률개선의무를 충실히 이행할 수 있는 입법시스템을 개선방안으로 제시한다.

II. 연구의 방법

입법과정에 대한 접근방법은 두 가지로 구분할 수 있다. 하나는 정치학적·동태적 접근방법이고, 다른 하나는 법학적·제도적·정태적 접근방법이다.[3] 정치학적·동태적 접근방법은 입법과정에 참여하는 다양한 정치세력 및 이익집단 간의 대립 및 협력관계에 관한 연구에 사용된다. 입법과정에 참여하는 국회의원과 국민, 이익단체간의 관계, 국회와 행정부와의 관계, 국회와 사법부 또는 헌법재판소와의 관계, 국회와 정당과의 관계 등 입법과정에서 다양한 세력 간의 대립과 협력관계 및 자기의 목적을 달성하기 위하여 행사하는 영향력의 강도와 방향 등에 연구의 중점을 둔다.

법학적·정태적·제도적 접근방법은 다음과 같다. 법학적 접근방법은 입법과정이 헌법이나 국회법 등 관계법에서 어떻게 규정되고 있는지를 법해석학적 관점에서 규명하는 것이다. 정태적 접근방법은 입법과정에 참

3) 임종훈 외 3인 공저, 입법과정론, 박영사, 2000, 3-5면.

여하는 주체와 이들 주체가 주어진 법적 제도에서 어떠한 기능을 행사하는 지에 연구의 중점을 두는 것이다. 그리고 입법과정을 의회의 법률제정 절차라는 의회 내의 절차에 대한 기술적·절차적 관점에 한정한다.

본서에서는 법학적·정태적·제도적 접근방법에 입각하여 입법과정을 구성하는 일련의 제도를 연구대상으로 하면서 사회과학 일반의 역사적 연구, 이론적 연구, 비교법적 연구를 병행한다. 입법과정 일반론에 관해서는 역사적 및 이론적 연구방법을, 주요 국가의 입법과정 및 제도에 관해서는 비교법적 연구방법을, 현행 국회 입법과정의 문제점과 개선방안 연구에 관해서는 이론적 연구, 비교법적 연구를 가미한 종합적 연구방법을 사용한다.

제2장 국회 입법과정에 관한 일반론

제1절 입법의 기능

Ⅰ. 입법의 의의

입법의 개념은 대개 국민을 대표하는 국가기관 즉 의회가 법을 제정하는 행위 또는 법제정행위의 결과라고 정의된다. 실질적 관점에서는 입법을 국가기관이 일반적이고 추상적인 성문의 법규범을 정립하는 작용이라고 본다. 형식적 관점에서는 국회가 특수한 법형식인 형식적 의미의 법률을 제정하는 작용으로 보고 있다. 헌법의 개정이나 명령·규칙·자치법규 등의 제정을 입법의 개념에 포함시키기 위해서는 입법을 실질적 관점에서 이해해야 한다.

우리 헌법 제40조에는 "입법권은 국회에 속한다."라고 규정하고 있다. 위 헌법 규정에 따라 입법의 의미를 도출하면 실질적 의미의 입법에 관한 권한은 헌법에 특별한 규정이 없는 한 국회에 속하며, 형식적 의미의 법률은 반드시 국회의 의결을 거쳐야 한다는 것이다.[1] 권력분립원리에서 입법부의 입법작용을 행정·사법작용과 구별하는 기준을 의미함과 동

1) 국회사무처, 국회의 법률안 입안기준, 2000, 12면.

시에 법률의 개념은 입법개념 그 자체를 의미 한다. 그러므로 본서에서 입법의 개념은 "국회가 헌법 및 국회법에 정해진 입법절차에 따라 심의·의결하는 형식적 의미의 법률의 제정 및 개정"이라고 정의한다.

입법권은 국회가 가지는 권한이지만 국회를 구성하는 국회의원에 의해서 행사된다. 따라서 국회의원은 국가와 국민전체에 이익이 되는 방향으로 입법의 권한을 행사해야 한다. 즉 특수 집단의 이익이나 일부 유권자, 지역구 유권자들의 한정된 이익을 대변해서도 안 된다. 만일, 국가나 국민전체의 이익보다 차기 선거에서 당선되고자 하는 개인적 목적과 이익을 추구하여 입법권을 행사할 경우 대의 민주주의는 실패할 수 있다.[2] 따라서 입법과정에서 발생할 수 있는 이와 같은 부작용을 막고 입법을 통해서 국가의 정책이 원활하게 추진되며, 국가의 기능이 정상적으로 작동할 수 있도록 올바른 입법제도의 마련이 중요하다.

II. 입법의 기능

1. 권력분립원리의 실현

민주주의·법치국가의 기본원리는 국민의 의사에 따라 법을 정립하고 그 법에 따라 구체적 국가질서를 형성하는 것이다. 권력분리의 원칙에 따라 국가기능을 구분함에 있어서 법 정립작용으로서 입법을 선행요건으로 한다. 입법과 그 결과물인 법률을 중심으로 집행기능과 사법기능이 수행된다. 고전적 법치주의가 법률의 우위, 즉 입법기능의 우월성을 근

2) 정종섭, "한국 입법권자의 나아갈 길", 국회법제실·한국공법학회 공동학술대회 자료집, 2006. 11, 93면.

간으로 삼았다는 것도 이러한 맥락에서 이해될 수 있다.[3] 이에 따라 국가기능으로서의 입법은 집행과 사법에 우선한다. 왜냐하면 집행과 사법은 입법의 결과인 법률에 구속되기 때문이다. 한편으로 이러한 원칙은 세 가지 국가기능이 상호 분리되어 있는지 그리고 어떻게 분리되어 있는지의 문제와 상관없이 타당하다. 입법은 헌법적 조건의 범위에서 국민들간의 권리의 보호와 조정, 국가에 대한 국민의 권리와 의무, 국가의 책무, 그리고 이것들이 행사되는 방식에 대해서 규정한다.[4]

국가기능을 입법과 집행 및 사법으로 구분하여 검토하는 것은 국가의 기본기능들이 각기 구별되는 특성을 가지고 있음을 전제로 한다. 특성에 부합되도록 국가기관들을 상이하게 구성하는 것에 오늘날 권력분립의 실질적 의의가 있다. 입법기능과 집행기능 및 사법기능에 있어서 입법기능은 의회에서 담당하는 것이 타당하다. 의회는 국민의 의사를 최대한 반영하고, 헌법에 의해 정해진 국가질서의 기본방향을 구체화시킬 수 있기 때문이다. 의회는 개개 의원이 아닌 전체로서의 국회가 전체 국민을 대표하는 집단적 대표에 해당된다. 집단적 대표는 전체로서 국회의사를 결정하기 위하여 다수결에 의한 의사결정과정이 필요하다. 이러한 과정을 통하여 국민의사를 최대한 다양하게 반영하는 것이 가능해진다.

추상적 법규범의 정립 가운데 가장 중요한 것은 국회의 입법이다. 입법은 헌법에 의해 정해진 원칙의 범주 내에서 본 방향을 정하는 것이다. 입법은 무엇인가를 결정함에 있어서 민주적 정당성을 획득하고 민주적 방식으로 결정함에 그치는 것은 아니다. 이 뿐만 아니라 법률은 내용이 명백하고 확정적이어야 하고 이해하기 쉽게 표현되어야 한다. 이러한 요

---

3) 장영수, "헌법의 기본원리로서의 민주주의", 안암법학 제1집, 1993. 9, 268면.
4) Christian Starck(저)·계희열(역), "민주적 헌법국가에 있어서 의회입법의 기능", 고려대 법학논집 제26집, 1991, 343면.

건들은 법률의 상대적인 지속성과 구속성을 확보해주며, 헌법의 법치국가질서를 특정지우는 합리화 및 안정화 작용에 기여한다.

그리고 입법은 부담적 국가행위의 요건과 한계를 확정하고, 사회보장과 생존을 위한 국가의 의무를 기준으로 설정함으로써 법치국가적 자유를 보장하는 형식이 된다. 이러한 기능에서 볼 때 현대 국가에서 개개인의 법적 지위가 입법에 의해서 비로소 창설될 수 있기 때문에 입법 및 입법과정은 더욱 중요하다. 또한 입법은 민주적 정당성에 기초하고, 의회에 의한 자유로운 의사형성, 의사공개, 이해관계의 조정 절차를 통하며, 행정부의 광범위한 참여 하에서 기본적인 문제를 결정한다. 이렇게 결정된 것은 합리화 및 안정화 작용 그리고 자유보장 작용을 한다.[5)]

2. 헌법 원리의 실현

현대사회에서 국가의 역할이 증가하고 있다. 이에 비례하여 헌법적 가치를 실현하기 위한 입법도 양적으로나 질적으로 증대하고 있다. 이와 같이 시대와 장소에 따라 입법내용이 변화하는 것처럼 헌법실현을 위하여 필요한 법규범도 변한다. 입법의 범위와 한계는 국가가 헌법을 통하여 확보한 국가목적을 발생시키는 과제를 어떻게 정의하느냐에 의해 결정된다. 입법은 민주주의에 있어서 사회적으로 여러 가지 이해관계와 정치적 역학관계의 협력작용을 통하여 완성된다. 따라서 입법은 단순히 법률적 측면에서뿐만 아니라 다원주의적 사회라는 현실적 조건과 헌법의 이념을 실현하는 방법에 관심을 집중한다. 이상적 입법은 목표의 설정과 달성 및 내용과 형식의 모든 면에서 요구가 충족되는 것을 의미하지만

---

5) K. Hesse(저)·계희열(역), 통일독일헌법원론, 박영사, 2001, 313-314면.

구체적으로 요구를 명확하게 확정할 수 없다. 설정된 요구를 구체적 입법의도에 적용하고, 그것을 실현하는 것 또는 실현하지 않을 것을 확정하는 것이 여전히 문제가 된다.

따라서 입법에 있어서 핵심적인 요소를 추구하고 그렇게 발견된 요구를 가장 잘 실현할 수 있게 하는 방법을 모색해야 한다. 즉, 입법은 사회적 갈등을 합리적 방법으로 규율하고 불가피한 규제조치에서는 규율의 목표가 달성될 수 있어야 한다. 입법의 과정에 국민의 참여가 필요하고 입법자는 의사결정과정에서 사회적·경제적·정치적인 여러 가지 문제를 조사하여 반영하여야 한다.

현실을 구체적으로 분석하는 것은 입법자가 제기했던 문제점을 명확하게 하고 구체적 입법행위의 전제가 된다. 입법자는 현실의 문제점을 조사·분석하여 입법의 내용을 결정한다. 현실의 분석을 통하여 입법목적을 명확하게 한다. 입법자는 입법요인이 되어야 할 사실의 인정과 입법정책의 선택에 따라 개별적이고 구체적인 입법목적을 설정한다. 입법목적은 합리적이어야 하고 동시에 입법내용은 기존 법체계와 충돌해서는 안 된다.[6)]

3. 기본권 실현·보호기능

현대 민주주의 국가의 주요한 목적은 개인의 기본권을 보호하는 것이다. 국가의 모든 조직과 활동은 기본권의 보장을 지향한다. 기본권은 헌법상 규정으로 보장받거나 완성되는 것이 아니다. 이는 단지 헌법상 보호

---

6) 이발래, "국회입법형성권의 한계와 통제에 관한 연구", 건국대 박사학위논문, 1999, 89-102면.

되는 대상이 될 뿐이다. 기본권이 현실 속에 구체화되어서 실현되기 위해서는 개인의 기본권 행사와 이를 뒷받침하는 국가의 노력이 필요하다.

추상성과 개방성을 특징으로 하는 헌법은 1차적으로 입법에 의해 구체화 된다. 입법자는 추상적인 헌법을 현실상황 속에서 보다 쉽게 적용할 수 있도록 입법을 통해 구체화한다. 나아가 헌법 스스로가 결정을 내리지 않고 입법자에게 그 결정을 위임한 영역에서는 국가질서를 어떠한 방향으로 형성시켜 나아갈 것인지를 입법자가 결정한다. 이런 의미에서 입법은 1차적으로 국가질서형성의 방향을 결정하는 정책 결정적 성격을 갖는다.

현대 행정 국가화 경향에 따라 행정부의 역할과 기능이 확대됨에 따라 국민에 의해 직접 선출된 대표자로 구성된 국회는 행정부의 활동이 국민의 의사와 이익을 충분히 반영하고 있는지, 헌법과 법률의 테두리 내에서 활동하고 있는지를 감시·감독하는 통제기능을 통해 기본권을 실현한다.

그리고 위헌적인 입법에 의하여, 또는 입법을 하지 않음으로 인하여 기본권이 침해되는 경우들이 생길 수 있다. 이러한 경우에는 위헌법률심사 또는 입법에 대한 헌법소원, 법률의 제정 및 개정·폐지에 관한 청원 등의 수단으로 침해된 기본권의 구제를 도모할 수 있다.[7)]

4. 국가기관 권한 부여

입법은 국가의 모든 기관에게 권한을 부여하는 기능을 한다. 다르게 말하면 국가의 기관은 법적 근거 없이 설립될 수 없다. 국가의 복잡하고

7) 장영수, 국가조직론, 홍문사, 2005, 112면.

세분화된 활동을 보증하고 이를 가능케 하기 위해서는 법에 근거해야 하고 정당한 법형성절차를 갖춰야 한다. 이러한 관점에서 입법의 영역에 있어서 중요한 요소인 입법과정이 민주적 방식으로 진행되어 국민의 참여를 도모하는 것이 중요하다. 법률이 제정되는 과정인 입법과정에서 국가의 정책이 문자를 통하여 법규정이라는 형식으로 표현된다.

민주주의와 법치주의 질서 안에서 입법기능을 고찰하면 법률의 우위와 유보라는 제도의 중요성이 보다 명확히 나타난다. 법률의 우위는 법률이 민주적 정당성에 기초하여 그리고 정치적 의사형성의 민주적 형식에 의해 성립하고, 법률의 우위가 법률을 합리화하는 그리고 자유를 보장하는 작용의 전제이기 때문이다.[8)]

5. 국가질서 형성

입법은 국가질서를 형성하는 기능을 한다. 국가질서의 형성은 헌법의 제정에 의해 기본 틀이 형성된다. 헌법의 개정에 의해 중요한 사항들이 변경된다. 이러한 헌법의 제정과 개정을 통해 이루어진 실정헌법의 테두리 내에서 구체적인 국가질서 형성작용을 담당하는 것은 입법과 집행이다. 그 중에서 1차적으로 입법자가 국가질서 형성의 책임과 권한을 헌법으로부터 부여받고 있다. 또한 헌법이 정하고 있는 권력분립의 체계 속에서 입법작용의 절차와 방식, 그 권한의 범위와 한계 등이 구체화되고 있는 점도 입법의 한계와 관련하여 지적된다. 입법은 국가질서를 위한 중요한 기능이나 그것이 자체목적이 될 수 없다. 국민의 기본권 보장을 중심으로 하는 바람직한 국가질서의 형성을 위해 입법작용이 필요하다.

---

8) K. Hesse(저)·계희열(역), 앞의 책, 313-317면.

이러한 입법작용은 권력분립의 체계 속에서 한정·제한되고 견제·통제되면서 구체화 된다. 그러므로 다른 헌법기관에 의한 입법의 통제도 입법기능의 보장을 위한 것으로 이해된다.[9)]

의회주의에 입각하면 입법자가 단독으로 국가의사와 정책을 결정하고, 그 의사와 정책은 법률의 형식을 통하여 국가질서를 형성한다. 현행 헌법 제40조에서 규정한 바와 같이 입법권은 국회에 있고, 입법을 통하여 헌법을 구체화하고 해석하는 권한과 책임은 국회에 있다. 입법권은 기본권실현 내지 구체화의 수단인 동시에 대의민주주의 내지 법치주의 실현수단이며, 통치작용의 기본이 되는 법질서형성적인 의미를 가진다. 따라서 입법자의 행위의 자유와 선택의 자유는 입법자가 헌법상 국가의 유지·운영·발전의 정치적이고 합법적인 형성자로서 헌법상의 지위에 따라 공동체 형성에 대한 자신의 의무를 이행하기 위해서 필요로 하는 활동의 자유를 제공한다.

III. 입법과정의 기능[10)]

1. 민주적 정당성 부여

입법과정은 완전한 공개 속에서 다양한 정치세력이 참여한다는 점에서 법에 대한 민주적 정당성을 부여하는 기능을 한다. 입법과정은 공개된 의회의 장에서 토론을 통하여 이루어지므로 국민들의 참여와 비판이

9) 장영수, 앞의 책, 104면.

10) K. Hesse(저)·계희열(역), 앞의 책, 313-317면 ; 임종훈 외 3인 공저, 앞의 책, 5-8면 ; 장영수, 앞의 책, 109-120면.

가능하다. 특정한 정책에 대한 여론은 국민 각자가 속한 지역·직역·성·연령 등에 따라 다양하게 제기되며 서로 대립하고 충돌한다. 이렇게 다양하고 상충되는 의견을 토론과 타협 및 설득 과정을 거쳐 하나의 도출해 낼 수 있는 기관이 국민의 대표로 구성된 국회이다.

입법과정은 주체인 국회의원 이외에 정부와 정부관계자, 소속정당과 교섭단체, 의회의 Staff, 각종 이익단체, 선거구민, 언론 등 다양한 참여자가 관여하는 정치적 과정이다. 특히 현대사회에서 국가가 시민생활에 광범하게 그리고 적극적으로 배려·개입하게 되었다. 이와 같은 변화에서 법에 민주적 정당성을 부여하는 기능은 중요해졌다.

국가의 기능이 날로 확대되는 추세에서 일상적인 일이 법률의 형식을 통해 결정되고 집행되는 경우가 많아 졌다. 국가에 의한 서비스의 제공, 사회계획, 경제통제, 재화의 분배 등을 위한 중요한 수단으로서 입법이 동원된다. 이에 따라 입법과정에서 시민참가의 기회가 다양화되면서 사인간의 자주적 교섭에 의해 권리의 확보와 실현이나 상호조정을 행하려는 활동도 활발하여 진다. 다양한 목적의 추구에 대한 최적의 고려와 아울러 최적의 조정을 보장하는 자유로운 정치적 의사형성이 입법과정에서 이루어진다. 비록 행정부 내에서의 의사결정이 전문지식을 가진 공무원들에 의하여 이루어진다 하더라도 범위가 제한되고 대부분 비공개로 진행되기 때문에 한계를 가진다.

입법과정은 갈등관리와 정치체제 통합의 기능을 가진다. 다원주의를 기초로 하는 민주주의 국가에서 국민의사는 다원화되고 다양화하고 있다. 따라서 입법과정에서 구체적인 이해관계자의 의사나 여론과 여당이 결집한 국민의사 및 야당이 결집한 국민의사 등을 조정하여 국민의사를 확정하는 것이 필요하다. 입법과정은 이러한 과정을 통하여 대립이나 갈등의 처리와 정치사회의 통합기능을 수행함으로써 다양한 국민의 의사를 타협과 설득을 통한다.

갈등관리기능 측면에서 고찰하면 법제정을 의미하는 결정이나 평결에서 의회는 주도적 기능을 하지 못한다. 그러나 입법과정을 통해 갈등을 최소화하고, 여론수렴을 통해 사회적 불만을 해소하는 기능을 한다. 또한 의회는 행정부의 활동을 승인하고, 입법에 정통성을 부여하고 있다. 대표기능을 통해 법규가 정당한 것으로 국민에게 수용하도록 함으로써 체제통합기능을 수행한다.[11]

입법과정의 이러한 중요성에도 불구하고 의회 내에서 파벌형성, 정치적 충성의 사적 성격, 비정책 지향성 등의 정치과정상의 특징과 능률일변도의 정책수행을 중시하는 권위적 관료중심의 정부에 의해서 일방적 법안의 추진에서 발생하는 여러 가지 문제점에 대해서 입법과정을 대립이나 갈등의 처리 및 정치의 통합화 기능으로 보는데 한계가 있다는 지적도 있다.[12]

2. 국민의사 수렴

입법과정은 국민에 의해 직접 제정된 헌법의 테두리 내에서 법률의 형식으로 국민의사를 수렴하는 기능을 한다. 오늘날 국가질서의 전반적인 민주화에 의하여 고전적인 권력분립의 기본전체가 붕괴되었다. 모든 국가권력은 국민으로부터 나오는 것으로 이해되고 있다. 이와 더불어 국

11) 김은철, “입법과정의 개선방안에 관한 연구”, 조선대 대학원 박사학위논문, 2005, 11-12면.

12) Daalder Hans, *Government and Opposition in the New States*, International Political Sciences Association, 1965, p. 27; Pye Lucian, *Non-Western Political Process*, The Journal of Politics, vol.20, 1958, p.245.

가권력의 활동을 전체적으로 국민의 기본권을 실현하기 위한 작용으로 이해되어 모든 국가활동은 헌법과 법률에 기초하여야 한다는 요청이 새로운 의미와 비중을 갖게 되었다.[13] 이에 따라 입법기관으로서 국회의 지위가 한층 더 중요성을 갖게 되었다. 국회는 국민의 대표기관으로서 국민의 의사를 가장 잘 반영시킬 수 있는 입법기관이 되고 또 국정통제기관이 된다. 이에 따라 입법과정은 국민의사를 수렴하는 과정으로서 헌법적 중요성이 있다.

입법은 일부 국민으로부터 입법에 대한 적극적인 요구나 국민 다수간에 입법의 필요성에 대한 묵시적 공감대가 형성될 경우 진행된다. 즉 현재 추진되고 있는 국가정책에 대한 변경이나 새로운 정책의 수립·시행에 대한 필요성이 제기될 경우 기존 법률의 개정이나 새로운 입법의 추진이 요구된다. 이러한 입법에 대한 요구가 국회의원이나 정책담당 공무원에게 전달됨으로써 입법과정이 공식적으로 시작된다. 입법자인 국회의원이나 입법안을 준비하는 공무원들은 국민들의 의견을 수렴하는 기능을 한다. 즉, 민의수렴기능을 한다. 민의가 충실하게 반영된 입법은 그 성립과정에서 정당성을 확보하게 된다.[14] 이와 같이 정당성을 확보하여 국가질서형성의 기본방향이 정해진 입법은 집행에 있어서 실효성이 높다.

---

13) 국가적 과제, 특히 행정과제가 증대됨에 따라 국민의 기본권 실현을 목적으로 하는 행정활동의 능률성을 위해서 법률로부터 자유로운 자율적 행정영역을 인정할 필요가 있다는 주장이 있다. 장영수, 앞의 책, 116-117면.

14) William J. Keefe & Morris S. Ogul, *The American Legislative Process : Congress and States,* 10th edition, University of Pittsburgh, 2001, pp. 437-440.

3. 정치적 의사 형성

입법과정은 민주적 질서의 테두리 안에서 정치적 의사를 형성하는 기능을 한다. 헌법이 구체적으로 확정하지 않은 공동체 생활의 기본적 문제들은 일반적 규정으로 혹은 보다 많이 구체적 사회형성을 지향하는 명령으로 규정되어야 한다. 그리고 이러한 규정은 민주적으로 정당화되어야 한다. 민주적 절차 내에서 결정되어야 한다.

입법을 통한 국가정책의 결정과 집행책임은 궁극적으로 국회의원에게 있다. 의회의 전문성이 부족하여 의회가 오늘날의 복잡하고 다양한 문제들을 효과적으로 해결할 수 없다 하여도 이러한 문제들을 법상의 위임을 받지 않고 공무원들에 의해 결정될 수 없다. 민주적으로 선출된 의회에 의한 결정이 민주적 정당성을 가장 잘 부여해준다. 의회는 국민의 대표기관이기 때문이다. 국민의 이해를 수렴하고 이를 정책에 반영해야 하는 임무가 부여되어 있다.

이러한 대의기능을 수행하는 과정에서 의회는 다양한 집단과 연계를 형성한다. 국민과의 연계, 지역구민과의 연계, 정당과의 연계, 이익단체와의 연계, 특수한 이해조직과의 연계, 행정부와의 연계, 공익단체와의 연계 등 상호간의 연계가 입법과정에서 이루어진다. 이러한 관점에서 보면 의회의 입법과정은 수레바퀴의 구심점과 같은 기능을 한다. 사회저변과 각계각층으로부터 국민들의 다양한 의사가 의회로 유입된다. 의회는 민주적 입법과정을 통하여 헌법적으로 의미가 있는 정치적 의사를 형성한다.

4. 갈등해소와 국민통합

입법과정은 가치상대주의에 기초하여 갈등해결과 국민통합의 기능을 한다. 다양한 입법요구는 일부 계층의 이익을 대변하거나 국민다수의 의사에 반할 수 있다. 입법과정에서 서로 상충되거나 모순되는 다양한 입법요구를 조정하고 조화시키는 것이 중요하다. 다양하고 서로 상충되는 입법요구를 조정하고 조화시키기 위해서는 상호간의 타협과 설득이 필요하다.

의회의 입법과정의 최종 산물인 법률이 만들어질 때까지 의회에서 전개되는 활동 중에서 가장 중요한 과정은 바로 토론에 의한 타협과 설득이다. 토론에 의한 타협과 설득은 입법과정의 필수불가결한 요소이다. 의회의 토론은 위원회 심사단계에서도 이루어지고 본회의 심의단계에서도 이루어진다.

이와 같이 입법과정은 단순히 법이나 법률을 제정하는 과정 이상으로 다양하고 이질적인 국민들의 의견을 조정하고 조화시킴으로써 갈등을 해결하고 사회를 통합하는 기능을 수행한다. 이러한 갈등해결과 통합화 기능은 민주적 다원주의 사회에서 국민의 대의기관인 의회가 입법과정을 통해 담당해야할 필수적 기능이다. 법은 사회의 구성원간에 분쟁과 갈등이 발생되었을 때 이를 공정하고 합리적으로 해결함으로써 한편으로는 사회 내의 갈등을 해소시키는 평화유지의 작용을 한다. 다른 한편으로는 분쟁당사자의 정당한 권리를 확보해 주는 기능을 한다는 측면에서 중요하다.

또한 정치 기능적 측면에서 입법과정은 입법에 대한 최종적인 결정권을 행사하는 국회의원들 상호간 또는 여당과 야당 간에 입법과정에서 자신들의 주장을 관철시킴으로써 향후 권력획득과정에서 자신들에게 보다 유리한 상황을 조성하기 위한 노력의 과정이다. 또한 입법과정에 참여하는 이해관계인이나 집단들이 입법을 통하여 자신들에게 유리한 상황을 조성하고자 한다는 점에서 입법과정은 참여하는 이해관계인과 집단들에게도 정치과정으로서 기능한다.

이와 같은 정치과정의 기능은 가치상대주의에 기초한 민주주의의 개념에서 접근할 수 있다. 즉, 민주주의의 기본이념인 자유와 평등 및 이에 기초한 다수결원리의 적용은 기본적으로 갈등이나 반대의견의 존재를 전제하고 있으며, 이를 정치적으로 정당한 것으로 평가한다. 반대의견이 강력하면 강력할수록 민주주의는 다양한 이해관계를 조화시키는 타협의 정치로 나타나게 된다. 민주주의는 자신의 입장에 대해 상대적 정당성만을 주장하며, 서로를 관용하는 가치상대주의에 기초하고 있기 때문이다.

제2절 입법원칙

Ⅰ. 합헌의 원칙

법률은 최고법인 헌법의 하위에 위치하고 있으므로 그 내용이 헌법에 위배되어서는 안 된다. 헌법은 법률의 위헌여부를 심사하기 위하여 헌법재판소에 위헌법률심사권을 부여하고 있다. 이 때 심사의 기준이 되는 헌법의 의미는 형식적 의미의 헌법인 성문 헌법 이외에도 실질적 의미의 헌법에 해당하는 헌법원칙, 헌법적 관습까지 포함된다.[15]

심사의 대상이 된 법률 또는 법률조항이 위헌으로 결정되면, 형벌조항은 소급하여 효력을 상실하고, 그 밖의 법률조항은 결정이 있은 날부터 효력을 상실한다(헌법재판소법 제47조 제2항). 따라서 합헌성은 법률안 입안의 내용과 관련하여 지켜야 할 가장 중요한 원칙이 된다. 특히 헌법 제37조 제2항에 의하여 국민의 기본권을 제한하는 내용의 입법을 함에 있어서는 입법권의 한계를 의미하는 과잉입법금지의 원칙이 존중되어야 한다. 과잉입법금지의 원칙은 다음과 같이 목적의 정당성, 방법의 적절성, 피해의 최소성, 법익의 균형성을 내용으로 한다.[16)17)]

Ⅱ. 실효성의 원칙

입법의 실효성이란 법률의 내용이 현실적 규범력을 가지는가, 즉 수범자가 규범이 의도하는 목적에 따라서 법을 준수하겠는가의 문제이다. 법규범으로 제대로 역할하기 위해서는 법적강제력만으로는 부족하고 규범 수범자로 하여금 이를 법규범으로 인정하고 준수하게 하는 입법의 실효성이 구비되어야 한다. 입법의 실효성을 확보하기 위해서는 아래와 같은 두 가지 측면이 먼저 고려되어야 한다.[18)]

첫째, 입법의 결과인 법률이 수범자의 지지를 받을 수 있게 하여야 한다. 법률은 사회평균인의 인식을 예상하여 이를 기준으로 마련되어야 하므로 법률안을 입안할 때에는 사회평균인의 법의식을 고려해야 한다. 그

15) 헌재 2004 . 10. 21, 2004헌마554.
16) 국회사무처, 앞의 책, 20-28면.
17) 헌재 1995. 4. 20. 92 헌바 29; 헌재 1998. 12. 24. 89 헌마 214.
18) 국회사무처, 앞의 책, 22면.

래야 법률의 입법목적의 달성이 가능하다. 법률안 입안절차에 있어서 당해 법률에 대한 사회평균인의 법의식을 확인하기 위해서는 입법예고, 공청회 등의 절차를 거치게 된다.

둘째, 입법정보가 수범자이 국민에게 충분히 전달되어야 한다. 오늘날과 같은 법규범의 홍수의 시대에서 법전문가가 아닌 일반국민이 현재 통용되고 있는 법규범의 의미·내용을 충분히 이해한다는 것은 어려운 일이다. 법규범이 수범자의 지지를 받아 실효성을 확보하려면 최소한 당해 법규범의 존재여부 및 적용대상, 법적효과 등과 같은 기본적인 내용에 관한 정보에 접근이 용이해야 하며 이를 위하여 사전적으로는 입법예고, 공청회 등의 방법을 활용하고 사후적으로는 입법이 있었다는 것을 공식적인 법률의 공포 이후에도 대중매체와 전자매체를 통하여 적극 홍보해야 한다.[19]

III. 절차적 정당성의 원칙

1. 소관사항의 원칙

한 나라의 법규범의 체계는 헌법을 정점으로 그 아래로 법률, 명령, 규칙의 단계적 구조를 이루고 있다. 따라서 입법자가 특정사항에 관한 입법을 할 때에는 입법목적의 달성에 가장 적합하고 효율적인 규범단계를 선택하여 법규범을 정립하여야 한다. 법규범의 정립과 관련하여 각 단계의 법규범으로 규정할 수 있는 범위를 명확히 함으로써 법규범간의 모순 내

19) 국회사무처, 앞의 책, 22-23면.

지 저촉의 발생을 방지하여야 한다는 것을 '소관사항의 원칙'이라 한다.

소관사항의 원칙에 따라 국회에서 형식적 의미의 법률로 규정하여야 할 사항에는 법규사항과 입법사항이 있다. 법규사항이란 국민의 권리와 의무에 관한 사항을 지칭하며, 이러한 법규의 개념은 입헌주의와 법치주의의 소산으로서 국민의 자유와 권리를 제한하는 국가작용은 반드시 국민의 대표기관인 의회가 제정하는 법률에 근거해야 한다는 사상에서 유래한 것이다.

현행 헌법은 제2장에서 법규사항은 반드시 법률로써 규정하도록 명시하고 있다. 죄형법정주의, 재산권의 내용과 한계 및 보상의 기준, 선거권, 공무담임권, 재판청구권, 범죄피해자구조청구권, 사회보장수급권, 기본권제한입법, 납세의무, 국방의무 등은 헌법에서 법률로 규정하도록 하고 있는 법규사항이다. 입법사항이란 법규사항은 아니지만 헌법과 법률이 형식적 의미의 법률로 규정하도록 하고 있는 사항이다. 입법사항은 법규사항보다 넓은 개념으로서 상술한 법규사항은 물론이고 국민의 권리·의무와 직접 관련이 없는 사항까지도 그 내용으로 할 수 있다.[20)]

2. 위임입법

소관사항의 원칙에 따라 헌법상 국회입법의 원칙과 법률에 의한 기본권제한의 원칙이 확립되어 있더라도 오늘날의 행정국가·사회국가에서는 의회가 모든 법규사항을 법률로써 직접 규정하는 것은 옳지 않을 뿐 아니라 불가능하다. 왜냐하면 여러분야로 세분되어 복잡성·전문성·급변성을 띠고 있는 사회현상에 보다 신속하게 대응할 수 있는 행정부의 관여

20) 국회사무처, 앞의 책, 23-24면.

가 불가피하기 때문이다. 헌법 제75조에서는 "대통령은 법률에서 구체적으로 범위를 정하여 위임받은 사항과 법률을 집행하기 위하여 필요한 사항에 관하여 대통령령을 발할 수 있다."라고 하여 위임입법의 근거를 마련하고 있다. 여기에서 '구체적'이란 일반적·추상적이어서는 안 된다는 의미이고, '범위를 정하여'란 포괄적·전면적이어서는 안 된다는 의미이다. 일반적·포괄적 위임을 하게 되면 이는 사실상 입법권을 백지위임하는 결과가 되어 국회입법의 원칙을 포기하는 것이 된다.[21]

헌법재판소도 "헌법 제75조에서 '법률에서 구체적으로 범위를 정하여 위임받은 사항에 관하여'라고 함은 법률 그 자체에 이미 대통령령으로 규정될 내용 및 범위의 기본적 사항이 구체적으로 규정되어 있어서 누구라도 당해 법률 그 자체에서 대통령령에 규정될 내용의 대강을 예측할 수 있어야 함을 의미하고 그렇지 않을 경우에는 위임입법의 한계를 일탈한 것이라고 아니할 수 없다."고 판시[22]하고 있다.

IV. 체계성의 원칙

체계성의 원칙이란 어떤 법률의 개별규정이라도 별도로 독립하여 존재하는 것이 아니며 개별법규정들은 상호 유기적으로 연결되어 하나의 법체계를 구성된다는 것이다. 입법 시에는 그 법률 또는 법률조항이 전체 법체계 내에서 차지할 위치를 고려하여 조화와 균형을 이루도록 하여야 한다. 입법자는 체계정당성을 가진 입법을 하기 위하여 다음 사항을 유의하여야 한다.[23]

21) 국회사무처, 앞의 책, 24면.
22) 헌재 1995. 9. 28 93헌바50; 헌재 1997. 11. 27. 96헌바12.

첫째, 특정한 문제에 관하여 새로이 입법을 하는 경우 가능한 한 현존 법질서의 기초를 유지하면서 체계적 관점에 따라 입법하여야 한다. 즉 입법자는 가능한 새로운 법률이 기존의 법질서를 파괴하지 않도록 하여야 한다.

둘째, 입법자는 지속적으로 전체법률을 정비하여야 하며 법규범 사이의 조화와 균형을 도모하여야 한다.

실정법은 논리적으로 하나의 법체계를 구성하는 것이므로 새로 만들어지는 법은 기존 법과 함께 논리적으로 모순 없는 통일적인 법체계를 형성하여야 한다. 그럼에도 불구하고 실제로 법규범 상호간에 모순하거나 저촉하는 경우에는 법규범의 체계 및 질서유지를 위하여 '신법우선의 원칙', '특별법우선의 원칙' 등을 적용하여 해결하는 경우가 있다.[24)]

V. 명확성의 원칙

명확성의 원칙이란 법은 수범자가 법규범의 내용을 쉽게 예측하고 이해할 수 있도록 법문을 분명하고 명확하게 표현하여야 한다는 것이다. 그러나 규범의 수범자인 일반인이 예측 가능할 정도의 명확성이 구체적으로 어느 정도인가에 관해서는 한마디로 말할 수 없다. 오늘날 복잡 다양한 사회현상을 규율하기 위하여 입법기술상 일반조항 내지 불확정 개념의 사용이 불가피하게 된 점은 입법상 요구되는 명확성의 정도에 대한 파악을 어렵게 한다. 그러나 각국에서는 추상적이나마 다음과 같은 명확성의 판단기준을 정하고 있다. 독일의 경우 "일반인이 특별한 어려

---

23) 국회사무처, 앞의 책, 26면.
24) 국회사무처, 앞의 책, 26-27면.

움이나 의문 없이 판단할 수 있을 정도" 또는 "국민이 그의 행위가 구성요건을 충족한다고 확실하게 판단할 수 있을 정도", 미국의 경우 "보통의 지성을 가진 자가 그 의미를 추정할 수 있는 정도이어야 하며, 법률의 적용에 관하여 의견을 달리할 정도로 불명확한 것은 적법절차 위반으로 무효"이며, 일반의 경우 "통상의 판단능력을 가진 일반인이 금지된 행위와 그렇지 않은 행위를 식별할 수 있을 정도"이어야 한다.[25]

제3절 입법절차와 내용

Ⅰ. 입법원리

1. 의사공개의 원칙

(1) 의의

헌법 제50조 제1항은 "국회의 회의는 공개한다."고 규정하여 의사공개의 원칙을 명문화하고 있다. 의사공개의 원칙은 의사진행의 내용과 의원의 활동을 국민에게 공개함으로써 국민에 따른 국회운영을 실천한다는 민주주의적 요청에서 유래하는 것으로서 국회에서의 토론 및 정책결정의 과정이 공개되어야 주권자인 국민의 정치적 의사형성과 참여, 의정활동에 대한 감시와 비판이 가능하다. 의사의 공개는 의사결정의 공정성

25) 국회사무처, 앞의 책, 27-28면.

을 담보하고 정치적 야합과 부패를 막을 수 있는 역할을 한다.[26)]

국회의원과 국민은 자유위임관계에 있고 일부의 국민을 대표하는 것이 아니라 전체 국민을 대표한다는 점에서 의사공개의 원칙은 더욱 중요하다. 과거 프랑스혁명에서 삼부회는 의사의 공개를 결의하였다. 공개에 대한 신뢰는 자연법적 토대를 갖는 계몽주의 사상에 근거하고 있고, 19세기 초반 이래로 공개의 원칙은 전체 헌법상 의회주의의 기본원칙으로 발전하였다.[27)]

의사공개의 원칙은 의회주의의 핵심적인 기본원리[28)]로서 의회에서 토론과 그 결정과정이 공개되는 것은 민주주의와 의회주의에 있어서 본질적 요소에 해당한다. 다원화된 사회에서 이익을 조정하고 설득하게 하고, 이해관계의 대립 상황을 명백히 하며 타협을 가능하게 하는 의사의 공개는 국가의 의사결정 절차에 정당성을 부여하기 위한 전제조건이다. 현대사회의 복잡한 문제의 해결을 위해서 의사공개의 원칙에 대한 중요성이 높아가고 있다. 대의민주주의가 성공하는데 있어 공개성과 투명성은 중요한 전제조건이 된다.[29)]

(2) 적용영역과 내용

헌법상 위와 같은 의미를 가지는 의사공개의 원칙은 국회의 헌법적 기능과 관련된 모든 회의에 적용된다. 국회의 본회의에서 뿐만 아니라 위원회에도 적용되어야 한다.[30)] 최근 국회 내에서 법안 등 의안에 대한

26) 헌재 2000. 6. 29. 98헌마443ㆍ99헌마583(병합).

27) Martin Morlok, ffentlichkeit der Sitzungen; Mehrheitsprinzip, in: Horst Dreier, Grundgesetz. Kommentar, Bd. Ⅱ, 2 Aufl., 2006, Art. 42 S. 1073.

28) 허영, 한국헌법론, 박영사, 2014, 831면.

29) Martin Morlok, a. a. O., S. 1077ff.

30) 권영설, “입법과정의 헌법적 조명, 입법과정의 현황과 개선방안”, 국회법제실·

실질적 심의가 위원회에 이루어지고 있는 상황에서 의사공개의 원칙은 위원회의 회의에도 당연히 적용되는 것으로 본다.[31] 다만 정보위원회의 회의는 국회법 제54조의2 특례규정에 따라 공청회·인사청문회를 제외하고는 공개하지 않는다.

의사공개의 원칙은 방청·보도의 자유, 회의록 공표 등을 그 내용으로 한다. 국회에 의한 음성 또는 영상 방송(국회법 제149조) 시스템도 의사공개에 기여한다. 다만 비공개회의의 결정이 있는 경우에는 이러한 자유가 제한된다. 우리 헌법은 제50조 제2항에서 비공개회의의 내용의 공표에 관하여는 따로 법률로 정하도록 했다.

헌법 제50조 제1항에서 "출석의원 과반수의 찬성이 있거나 의장이 국가의 안전보장을 위하여 필요하다고 인정할 때"와 국회법 제75조 제1항 단서에서 "의장의 제의 또는 의원 10인 이상의 연서에 의한 동의로 본회의의 의결이 있거나 의장이 각 교섭단체대표의원과 협의하여 국가의 안전보장을 위하여 필요하다고 인정할 때에는 공개하지 아니할 수 있다."고 하여 회의공개에 대한 예외사유를 규정하고 있다.

소위원회의 경우 국회법 제57조 제5항은 회의의 공개 원칙을 규정하면서, 다만 "소위원회의 의결로 공개하지 아니한다."고 하여 회의공개의 예외를 인정하고 있다. 소위원회의 경우 단지 의결로써만 공개하지 아니한다고 규정한 것에 대하여 헌법위반의 문제가 발생할 수 있고, 소위원회의 회의비공개 사유를 단순히 의결로써만 할 것이 아니라 비공개에 대한 구체적인 사유를 법문에 예시하고 그 요건에 합당할 경우에만 의결을 거치게 하는 것이 타당하다는 주장[32]이 있다.

한국공법학회, 2005, 22면.

31) 헌재 2000. 6. 29. 98헌마443、99헌마583(병합).

32) 권영설, "입법과정의 헌법적 조명", 공법연구 제34집 제3호, 한국공법학회, 2006. 2, 23면.

(3) 소위원회 및 상임위원회 방청불허

국회법 제55조 제1항은 "위원회에서 의원이 아닌 자는 위원장의 허가를 받아 방청할 수 있다."고 규정하고 있고, 국회법 제57조 제6항은 "소위원회에 관하여는 이 법에서 다르게 정하거나 성질에 반하지 아니하는 한 위원회에 관한 규정이 준용된다."고 규정하고 있는데, 이들 조항은 소위원회 또는 상임위원회의 방청신청을 불허하는 근거로 사용되었다.

시민단체 구성원들이 국회예산결산특별위원회 계수조정소위원회의 방청을 허가해 줄 것을 피청구인인 국회의장 외 1인에게 신청하였으나, 피청구인은 이를 불허한다는 통보를 받았고, 또 다른 시민단체의 구성원들이 국정감사활동에 대한 방청을 허려 하였으나 국회 법제사법위원회위원장 등 피청구인에게 각각 방청을 거부당하여, 이러한 방청불허처분이 청구인들의 알권리 등을 침해하는 것이라고 하여 헌법소원심판을 청구한 사례가 있다.[33)]

이 사안의 논점중 하나는 국회법 제55조 제1항이 헌법상 '의사공개의 원칙'에 위반되는 것인가 여부에 대한 것이었다. 이와 관련하여 헌법재판소는 "위원장의 허가를 받아 방청할 수 있다고 규정한 국회법 제55조 제1항은 위원회의 공개원칙을 전제로 한 것이지, 비공개를 원칙으로 하여 위원장의 자의에 따라 결정케 한 것이 아닌바, 회의장의 장소적 제약으로 불가피한 경우, 회의의 원활한 진행을 위하여 필요한 경우 등 결국 회의의 질서유지를 위하여 필요한 경우에 한하여 방청을 불허할 수 있는 것으로 제한적으로 풀이되며, 이와 같이 이해하는 한, 헌법에 규정된 의사공개의 원칙에 저촉되지 않는다."고 보았다.[34)]

---

33) 헌재 2000. 6. 29, 98헌마443·99헌마583(병합).

2. 다수결의 원칙

(1) 의의

헌법 제49조는 "국회는 헌법 또는 법률에 특별한 규정이 없는 한 재적의원 과반수의 출석과 출석의원 과반수의 찬성으로 의결한다. 가부동수인 때에는 부결된 것으로 본다."라고 하여 다수결 원칙을 채택하고 있다. 다수결 원칙은 근대에 있어서 모든 인간은 자유에 대한 동등한 권리를 갖는다는 사상으로부터 기원하고 있고, 대의제도가 발전하면서 그 의미가 더욱 중요해졌다.[35] 다수결 원칙은 자유민주적 기본질서의 구성요소이며 국회의 결정규칙으로 기능을 한다.[36]

근대에 들어서면서 사회계약론자들은 다수결 원칙을 사회계약론과 결부시켜 사회의 구성원으로 남아있기 위하여 개인은 다수에 의한 사회계약에 복종하여야 한다고 보았고, 자유위임에 기초를 두는 근대 의회에서 다수결 원칙이 민주주의의 지배적 의사결정원리로 받아들여지게 되었다.

(2) 적용영역과 내용

헌법 제49조의 국회의 의결은 의사형성과정의 종결로서 국회의 구속력 있는 결정을 의미한다. 그 개념에는 국회의 모든 가능한 활동이 포함된다. 법률 의결, 선출과 같은 법적 효과를 나타내는 국회의 결정들이

---

34) 소수의견은 동 사안이 비공개회의임을 이유로 청구인들의 방청을 거부한 것은 청구인들의 헌법상 보장된 알 권리인 국회방청권을 침해한 것이라는 것이라고 하였다. 헌재 2000. 6. 29, 98헌마443・99헌마583(병합).

35) Martin Morlok, a. a. O., S. 1075.

36) Martin Morlok, a. a. O., S. 1082.

그에 해당한다. 또한 어떤 대안에 대하여 찬성표가 반대표보다 최소한 한 표라도 더 많으면 다수에 도달한 것으로 보는 단순 다수를 의미하는데, 그 제안에 대하여 찬성표와 반대표의 수가 같은 경우에는 부결된 것으로 본다.[37]

(3) 법률의 표결절차

법률의 표결절차는 국회법에 정한 다수결 원칙에 따른다. 하지만 입법절차와 관련하여 논점이 되었던 것은 언론관계 법률안의 가결선포행위에 대한 국회의원과 국회의장간의 권한쟁의 사건이었다.[38] 이 사건의 개요는 다음과 같다.

여·야간의 입장차이로 처리되지 못하던 언론관계법에 대해서 국회의장은 2009. 7. 22. 11:00경 방송법 일부개정법률안 등 언론관계 법률안을 국회 본회의에 직권 상정하였다. 국회부의장은 같은 날 15:35경 국회의장으로부터 의사진행의 권한을 위임받아 제283회 국회임시회 제2차 본회의의 개의를 선언하고, 같은 날 15:37경 신문 등의 자유와 기능보장에 관한 법률 전부개정법률안(이하 '신문법 원안'), 방송법 일부개정법률안(이하 '방송법 원안'), 인터넷멀티미디어 방송사업법 일부개정법률안(이하 '인터넷멀티미디어 법안')을 일괄하여 상정한다고 선언하고 심사보고나 제안 설명은 단말기 회의록, 회의자료로 대체하고 질의와 토론도 하지 않겠다고 하였다. 그리고 신문법 수정안에 대한 표결이 이루어졌고 표결결과에 따라 국회부의장은 신문법 수정안 부분은 수정안대로, 나머지 부분은 신문법 원안의 내용대로 가결되었다고 선포하였다.

---

37) Martin Morlok, a. a. O., S. 1083f.
38) 헌재 2009. 10 29. 2009헌라8、9、10(병합).

계속해서 국회부의장은 방송법 수정안에 대하여 표결을 진행하였고, 투표 종료를 선언하고 투표종료버튼을 눌렀는데 당시 국회 내의 재석의원이 국회재적 의원의 과반수에 부족하였다. 이에 국회부의장은 "재석의원이 부족해서 표결이 불성립되었으니 다시 투표해주시기 바랍니다."라고 한 다음 다시 투표를 진행하였고, 표결결과에 따라 방송법 수정안 부분은 수정안대로 나머지 부분은 원안대로 가결되었다고 선포하였다.

그리고 인터넷멀티미디어법안에 대한 표결이 이루어졌고, 표결결과에 따라 국회부의장은 위 법안이 가결되었다고 선포하였다. 국회부의장은 같은 날 16:12경 금융지주회사법 일부개정법률안을 상정하고 수정안이 발의됨을 밝히고 수정안에 대한 표결을 실시하였고, 표결결과에 따라 수정안 부분은 수정안대로, 나머지 부분은 원안대로 가결되었다고 선포하였고 같은 날 16:16경 본회의는 산회되었다.

이 사안에서 신문법 수정안에 대한 표결이 진행되는 동안 야당의 반대 등으로 무질서한 상태에서 여러 번에 걸쳐 권한 없는 자에 의한 투표가 이루어졌다. 이에 청구인은 하자있는 표결결과에 따라 국회부의장이 신문법안의 가결을 선포한 행위는 입법절차에 있어서 적법절차의 원칙 및 과정과 절차에 관한 헌법 원리인 다수결원리를 위배하여 청구인들의 법안에 대한 심의·표결권을 침해한 것이라 주장하였다.

위와 같은 권한쟁의에 대해서 헌법재판소는 국회의 법률제정에 있어서 심의·표결권은 국회의원의 헌법상의 권한이라고 인정하였다. 그리고 국회의 법률안 표결절차는 국회입법권 실현의 사실상 최종 과정이라는 점에서 중대한 의미를 갖는다고 지적한 후, 국회의 법률안 표결절차는 국회의원의 자유로운 개별적 의사가 객관적으로 적법하게 표시되어 결집되고 확인되어야 할 필요가 있고, 그것이 국회의 최종의사로 정당하게 추인될 수 있도록 합리적 공정성을 스스로 갖추지 않으면 안 되는데, 우리 헌법 제49조가 천명한 다수결 원칙은 이러한 국회의 의사결정 과정의 합리성 내지 정당성이 확보될 것을 전제로 한 것이고, 이와 무관하게 동일한 정치적 의사를 가진 국회의원의 숫자만으로 국회의 최종 의사형성이 정당화될 수 없다고 보았다. 또한 만일 법률안에 대한 표결절차의 자유와 공정이 현저히 저해되어 이로 인하여 표결결과의 정당성에 영향을 미칠 개연성이 인정되는 경우라면, 그러한 표결절차는 헌법 제4조 및 국회법 제109조가 규정한 다수결 원칙에 반하는 것으로 보아야 한다고 하였다.[39)]

다수결 원칙은 합의제 통치기관으로서의 국회의 의사를 결정하기 위한 중요한 수단이다. 결과 뿐 아니라 그 결과에 이르는 과정도 매우 중요하다.[40)] 즉 다수결 원칙은 민주주의의 본질서 요소이다. 따라서 법률안 표결절차에서 국회의원의 자유로운 개별적 의사가 객관적으로 적법하게 표시될 수 있도록 표결절차의 자유와 공정성이 보장되어야 한다.

3. 회기계속의 원칙

헌법 제51조는 "국회에 제출된 법률안 기타의 의안은 회기 중에 의결되지 못한 이유로 폐기되지 아니 한다."라고 하여 회기계속의 원칙을 규정하고 있다. 회기 내에 의결하지 못한 의안심의는 다음 회기에 계속할 수 있다. 그러나 헌법 제51조 단서는 "국회의원의 임기가 만료된 때에는 그러하지 아니하다."라고 규정하고 있다. 국회의원 임기만료로 인한 회기가 종료될 경우 그 법률안은 폐기된다.

---

39) 헌재 2009. 10. 29. 2009헌라8·9·10(병합).
40) 허영, 앞의 책, 881면.

4. 정족수의 원리

국회의 의사절차에서 의사정족수와 의결정족수를 요구하는 것을 정족수의 원리라고 한다. 합의체의 국가의사결정기관으로서의 국회가 의안심의와 의사절차를 원만하게 진행하여 국회의 의사결정에 민주적 정당성과 절차적 정당성을 부여하기 위한 원리이다.

국회법 제73조는 "본회의는 재적의원 1/5 이상의 출석으로 개의한다."고 의사정족수를 규정하고 있다. 헌법 제49조는 일반 의결정족수에 대하여 규정하고 있고, 국회법 제54조는 위원회도 재적위원 과반수의 출석과 출석위원 과반수의 찬성으로 의결함을 규정하고 있다.

위와 같은 일반정족수와는 달리 특별정족수가 규정된 경우도 있다. 첫째, 헌법개정안을 의결하는 경우에 국회의 의결은 재적의원 3분의 2이상의 찬성을 얻어야 한다(헌법 제130조 제1항). 둘째, 법률안을 재의결하는 경우에 재적의원 과반수의 출석과 출석의원 3분의 2이상의 찬성으로 전과 같은 의결을 하면 그 법률안은 법률로서 확정된다(헌법 제53조 제4항). 셋째, 대통령에 대한 탄핵소추를 의결하는 경우이다. 대통령에 대한 탄핵소추는 국회재적의원 과반수의 발의와 국회재적의원 3분의 2 이상의 찬성이 있어야 한다(헌법 제65조 제2항). 넷째, 계엄해제요구를 의결하는 경우이다. 국회 재적의원 과반수의 찬성이 있어야 하며 대통령은 이를 해제하여야 한다(헌법 제77조 제5항). 다섯째, 국무총리·국무위원에 대한 해임을 건의하는 경우이다. 국회재적의원 3분의 1이상의 발의에 의하여 국회재적의원 과반수의 찬성이 있어야 한다(헌법 제63조 제2항). 여섯째, 국회의원을 제명하는 경우이다. 국회재적의원 3분의 2이상의 찬성이 있어야 한다(헌법 제64조 제3항).

5. 일사부재의의 원칙

(1) 일사부재의 원칙의 의의

일사부재의의 원칙이란 의결된 안건은 동일회기 중에 다시 발의하거나 제출하지 못한다는 원칙을 말한다. 국회법 제92조는 "부결된 안건은 같은 회기 중에 다시 발의 또는 제출하지 못한다."라고 하여 일사부재의의 원칙을 규정하고 있다. 만일 같은 회기 중에 동일 안건을 몇 번이고 회의에 부의하게 된다면 특정 사안에 대한 국회의 의사가 확정되지 못한 채 표류하게 되므로, 일사부재의의 원칙은 국회에서 의사의 단일화, 회의의 능률적인 운영 및 소수 정파에 의한 의사방해방지 등을 위하여 중요한 의의를 가진다.[41] 일사부재의의 원칙은 헌법의 규정이 아닌 국회법에 규정되어 있기 때문에 국회법상의 원칙이라고도 한다.

(2) 일사부재의 원칙의 예외

일사부재의 원칙은 다음의 경우에는 적용되지 않는다. 첫째, 의제로 상정되어 의결되기 전에 철회된 의안이 다시 발의된 경우이다. 둘째, 이전 회기에 의결된 의안과 동일하지만 다음 회기에 다시 발의된 경우이다. 셋째, 위원회에서 의결된 의안을 본회의에서 다시 심사하는 경우이다. 넷째, 동일한 인물에 대하여 다시금 새로운 사유에 근거한 해임건의안을 심의하는 경우이다.[42]

---

41) 헌재 2009. 10. 29. 2009헌라8·9·10(병합).
42) 이준일, 헌법학강의, 홍문사, 2008, 997면.

(3) 의결정족수 미달과 일사부재의의 원칙

앞에서 살펴본 언론관계 법률안에 대한 가결선포행위에 대한 사안[43]에서 방송법 수정안에 대한 표결 선포에 따라 전자투표방식에 의한 투표가 이루어진 후 투표종료선언을 하여 투표가 종료되었는데, 전자투표 게시판에 국회 재적 294인, 재석 145인, 찬성 142인, 반대 0인, 기권 3인이라는 투표결과가 표시됨으로써, 제1차 표결에 참석한 국회의원의 수가 재적의원 과반수의 출석수에 미달한 것으로 드러났다. 이에 대하여 국회는 표결이 불성립되었다고 보아 동일한 법률안에 대하여 즉석에서 재투표를 실시하여 방송법안을 가결선포 하였다. 법안의 통과를 반대하는 쪽에서는 이러한 행위가 일사부재의의 원칙 위반하여 일부 국회의원의 법률안 심의·표결권을 침해한 것이라고 주장이 있었다.

이 사안에서 헌법재판소는 우리 헌법 제49조 및 국회법 제109조에서는 의결정족수에 관하여 '…재적의원 과반수의 출석과 출석의원의 과반수의 찬성으로 의결한다.'라고 규정하여, 의결을 위한 출석정족수와 찬성정족수를 병렬적으로 규정하고 있고, 나아가 '재적의원 과반수의 출석'과 '출석의원의 과반수의 찬성'이라는 규정의 성격이나 흠결의 효력을 별도로 구분하여 규정하고 있지도 아니하므로 표결이 종료되어 '재적의원 과반수의 출석'에 미달하였다는 결과가 확인된 이상, '출석의원 과반수의 찬성'에 미달한 경우와 마찬가지로 국회의 의사는 부결로 확정되었다고 보아야 한다고 주장한다.

일부 소수의견은 '재적의원 과반수의 출석'이라는 의결정족수는 국회의 의결을 유효하게 성립시키기 위한 전제요건인 의결능력에 관한 규정으로서, '출석의원 과반수의 찬성'이라는 다수결 원칙을 선언한 의결방

---

43) 헌재 2009. 10. 29. 2009헌라8·9·10(병합).

법에 관한 규정과는 그 법적 성격이 구분되는 것이고, 의결정족수에 미달한 국회의 의결은 유효하게 성립한 의결이 아니어서, 피청구인이 방송법 수정안에 대한 재표결을 실시하여 그 결과에 따라 방송법안의 가결을 선포한 것은 일사부재의 원칙에 위배되지 않는다고 보았다.

그러나 우리 헌법이 헌법개정안에 투표한 유권자의 수가 유권자 총수의 과반수에 미달한 경우 헌법개정안에 대한 국민투표는 부결된 것으로 보고(헌법 제130조 제2항), 주민소환에 관한 법률은 단체장이나 지방의원에 대한 주민소환투표의 경우에 소환요건 충족인원인 3분의 1이상의 투표수에 미달한 경우 주민소환이 부결된 것으로 보고 있다(주민소환에 관한 법률 제22조 제1항). 이러한 규정과 해석상의 통일과 형평성을 기한다는 관점에서 국회에서의 의결에 있어서 표결절차가 종료될 때 재적의원 과반수의 출석에 미달한 경우에도 부결된 것으로 보아야 할 것이다.

II. 법률안의 입안

1. 입안의 의의

법률안 입안의 의미는 다양하게 나뉜다. 먼저 법률안의 의미를 좁게 이해할 경우 수립된 입법정책을 법률로 수용하는 법률안을 일정한 형식과 체계에 맞추어 작성하는 행위라고 할 수 있다. 즉, 의도하는 정책을 문자를 이용하여 법문으로 표현하고, 이를 일정한 형식과 체계에 맞게 배열하는 법률안의 기초행위를 의미한다. 반면 넓은 의미에서 법률안의 입안은 정책을 결정하고 이에 따라 법률안을 기초하는 행위라고 말할 수 있다. 법률안을 기초 전 정책결정과정을 법률안의 입안의 개념에 포함시킨다.

일반적으로 정책을 수립이나 추진, 변경에는 입법상 조치를 필요로 한다. 여기서 입법상의 조치는 대체로 국정수행과 관련한 중요한 정책을 수립·추진을 위해서 법률을 제정함으로써 정책을 뒷받침하게 된다. 그리고 기존정책의 골격을 변경하거나 폐지하는 때에는 관련 법률의 개정이나 폐지를 통하여 실현하게 된다.

따라서 법률안의 입안의 의미는 중요한 정책을 수립·변경하면서 그 정책이 법률의 제정·개정 또는 폐지를 필요로 하는 경우에 한정하게 된다.

2. 입안의 유형

법률안 입안의 유형은 제정법률안, 개정법률안 그리고 폐지법률안으로 구분된다.

제정법률안은 새로운 법률제명으로 입안하는 법률안으로서 일반적으로 'OOO(제정)법률안'의 형식을 취한다. 전혀 새로운 정책을 수립하거나 기존 정책을 전면 폐지하고 대체정책을 추진하고자 하는 경우에 주로 제정법률안을 입안하게 된다. 따라서 제정법률안의 입안은 입안과정에서 인적·물적 요소를 많이 필요로 한다.

개정법률안은 기존 존재하는 법률의 내용이나 형식을 변경하는 법률안을 말한다. 개정법률안은 기존법률을 어느 정도 개정하게 되는가에 따라 그 입안 형식이 달라지게 된다. 대폭적인 개정을 하는 경우는 전문개정법률안, 부분적인 개정을 하는 경우는 부분개정법률안의 형태로 구분된다. 전문개정법률안은 기존 법률의 전문을 새로이 기술하는 방법으로 입안하며 일반적으로 'OOO법개정법률안'의 형식을 취한다. 이에 비하여 부분개정법률안은 흡수 또는 증보하는 방법으로 입안되는데, 우리의 경우 흡수방법을 취하면서 'OOO법중개정법률안'의 형식으로 한다.

폐지법률안은 기존 법률을 폐지하는 법률안으로 ① 실효성 없는 정책을 담고 있는 법률, ② 위헌결정으로 존립근거를 상실한 법률, ③ 다른 법률의 제정으로 전면 정비가 필요한 법률 입안시 이러한 형식을 취하게 된다. 일반적으로 정책의 일부가 실효성을 상실하거나 법률의 일부규정이 위헌결정을 받아 법률안을 입안하고자 하는 때에는 개정안의 형식을 택하며, 정책의 전부나 핵심사항이 실효성을 상실하거나 법률의 전부 또는 핵심규정이 위헌결정을 받아 법률안을 입안하고자 하는 때에는 폐지안의 형식을 택한다.

3. 입안의 과정

법률안의 입안과정은 누가 법안을 입안하느냐에 따라 달라진다. 입안주체에 따라 그 절차나 과정에 차이가 있다. 여기서는 의원발의 법률안, 위원회안, 정부제출 법률안 순으로 입안과정의 구체적 내용을 살펴본다.[44]

(1) 의원발의 법률안

의원발의 법률안은 좁게는 국회의원이 주체가 되어 입안한 법률안을 의미하나 넓게는 정당에서 입안하여 의원명의로 발의한 법률안을 포함

44) 김은철, 앞의 논문, 63-74면.

한다. 즉, 실질적 입안자가 누가인지 불문하고 국회의원의 명의로 발의한 법률안을 말하는 것이다. 의회주의를 채택한 국가에서 국회의원에게 법률안의 발의권한을 부여하는 것은 당연하다.

형식상의 의원발의 법률안이라고 하더라도 개별 국회의원이 입안한 경우와 정당이 입안한 경우로 구분할 수 있으며, 실제의 입안과정에도 차이가 있다.

의원발의 법률안의 입안과정은 ① 입법정보의 수집·분석과 입법정책의 결정, ② 법률안의 초안작성 또는 작성의뢰, ③ 초안에 대한 검토, ④ 의견수렴, ⑤ 법률안 확정, ⑥ 법률안 발의순으로 이루어지는 것이 일반적이다.[45] 다만 여당에서 발의하는 경우 의견수렴 후 당정협의절차를 거친 후 법률안을 결정하는 것이 입안관행이다.

1) 입법정보의 수집 · 분석과 입법정책의 결정

법률안을 입안하기 위해서는 미리 입법정보를 수집하고 수집된 정보를 분석하여 입법이 필요한지를 판단하여야 한다.

국회의원은 다른 입안주체에 비하여 입법노하우나 전문성이 약할 수 있고 인적·물적 자원의 부족 등 독자적인 입안에 제약이 많다. 이런 점은 국회의원이 입법정보를 획득하는 통로나 수단에서도 나타나는데 입법에 필요한 경험과 지식의 한계를 벗어나기 위하여 국회입법지원기관, 정당내부조직, 정부기관, 언론, 관계전문가, 이익집단 또는 압력단체, 시민단체 등으로부터 정보를 제공받거나 협조를 받는 것이 일반적이다.

정당은 개별 국회의원보다 입법정보를 수집하거나 분석에 유리하다.

---

45) ① 초안작성, ② 당정책실무부서 검토, ③ 의견청취, ④ 당정협의(여당의 경우에 한정), ⑤ 당의결기관의 심의, ⑥ 제안의원의 서명, ⑦ 국회제출로 기술하기도 한다. 조정찬, 법제실무강좌4, 법제처, 1994. 5, 76면.

정당은 부속 정책연구소, 조직과 인력, 자금을 활용하여 광범위한 입법정보를 획득할 수 있다. 그리고 관련기관이나 단체와의 회합, 토론회·간담회 등을 통하여 적극적으로 입법정보를 수집하거나 이익집단 또는 압력단체, 시민단체, 지역구민 등의 청원이나 진정, 언론보도 등을 통하여 제공받기도 한다.

이렇게 제공받거나 보유하고 있는 입법정보를 분석·평가한 후 입법정책을 결정하게 된다. 입법정책이란 곧 법률안 입안 여부 및 입안방향을 결정하는 행위라고 말할 수 있다. 이는 입법정보의 수집·분석과정에서 기존 관계법률의 문제점이 발견되는 등 분석결과에 따라 기존 관계법률에 대한 보완이나 수정 또는 새로운 법률의 제정 여부를 결정하게 된다.

2) 법률안의 초안 작성 또는 작성의뢰

입법의 방향이 결정되게 되면 입안하고자 하는 법률안의 초안작성에 들어간다. 법률안 초안은 ① 입법하고자 하는 대강의 내용을 선정하여, ② 이를 정하여진 형식과 체계에 맞추어 안으로 작성하는 순으로 이루어진다. 국회의원의 경우 초안은 보좌직원의 도움을 통해서 이루어진다. 그리고 초안의 작성을 제3자에게 의뢰하는 경우에 있다. ① 입법목적 및 그 방향, ② 입법하고자 하는 내용, ③ 초안 작성 시 유의사항이나 고려사항 등을 분명하게 제시하여 당초 의도와 부합하는 초안이 작성되도록 한다.

정당은 입법 또는 정책관련부서를 두어 필요한 법률안의 초안을 입안한다. 초안은 관련 입법례나 각국 입법례를 참고하여 성안하기도 하고, 관련 이익집단이나 민간단체 등에서 청원하거나 제출한 안을 검토하면서 당차원의 초안을 만들기도 한다. 그리고 여당인 경우에는 당정협의과정에서 정부에서 마련한 안을 의원발의형식으로 입법하기도 하고, 정부안을 토대로 초안을 성안하거나 또는 별도의 초안을 작성하지 않고 정부안을 일부 수정·보완하여 여당안으로 확정하는 경우도 있다.

3) 입안에 대한 검토

초안이 성안되면 이에 대한 검토를 하게 된다. 초안의 검토는 객관적 또는 평가자적 입장에서 작성된 초안이 본래의 입법목적에 부합한지, 입안내용이 충실한지 또는 법리나 법체계상 문제점이 없는지 등에 대하여 살펴보는 것이기 때문에 주로 초안의 성안에 참여하지 않은 제3자에 의하여 이루어진다.

국회의원이나 그 보좌진에 의하여 초안이 작성된 경우에는 국회입법지원조직, 정당 내 전문부서, 관련연구소 또는 단체, 전문가 등에게 검토를 의뢰하기도 한다. 정당에서 작성한 때에는 주로 정책연구소 같은 당내 기구를 두어 검토하게 된다. 여기서는 당의 정책방향과 부합하는지, 초안의 내용이 현실성을 담고 있는지, 여론이나 이해관계인의 지지를 얻을 수 있을지 등을 검토한다.

검토의 과정에서 만일 문제점이 발견되면 초안의 내용을 일부 수정하거나 전면적으로 보완하기도 하고, 입법자체의 타당성에 대하여 근본적인 의문이 제기된 때에는 입법시도 자체가 무산되기도 한다.

4) 의견수렴

초안에 대한 검토를 거친 후 법률안이 성안되기도 하지만 입법내용이 중대하고 이해관계가 복잡할 경우에는 이해관계인 등의 의견수렴 절차를 거치게 된다. 의무적 사항은 아니고 각계·각층의 의견을 반영함으로써 입법하는 내용의 실효성을 제고하고 입법과정의 민주성을 도모에 그 의의가 있다.

5) 당정협의

여당의 경우에는 법률안의 확정에 앞서 정부와 협의를 거치는 관행이 있다. 당정협의는 여당에서 입법배경이나 필요성 그리고 그 내용을 설명하였다. 정부는 법률안에 대한 견해를 피력하고 여당의 희망사항을 듣는 절차이다. 즉, 당정협의는 법률안에 대한 사전조율을 통하여 당·정의 입장을 일치시킴으로써 입법과정에서 나타날 수 있는 여당과 행정부간의 불협화음을 미리 차단하여 능률적 입법을 목적으로 하였다.

6) 법률안 확정

초안에 대한 검토 또는 의견수렴절차를 거친 때에는 그 결과를 초안에 반영한 뒤 발의할 법률안으로 확정한다. 법률안의 확정은 국회의원 개인차원에서 발의하고자 하는 경우에는 그의 결정으로 하게 되지만 정당차원에서 입안한 경우에는 당 내부절차를 거쳐 확정된다.

7) 법률안의 발의

위의 과정을 거쳐 법률안을 확정하여 국회에 제출하는 것을 법률안의 발의라고 한다. 의원발의로 법률안을 제출하는 경우에는 20인 이상의 찬성으로 하고, 법률안을 갖추고 이유를 붙여 찬성자와 연서하여 이를 국회의장에게 제출한다. 예산상의 조치를 수반하는 법률안의 경우에는 예산명세서를 같이 제출해야 한다. 의원발의 법률안의 발의·제출 관련하여 2000년 2월의 국회법 개정으로 의원발의 법률안에 그 제목의 부제로 발의의원의 성명을 기재하도록 하는 법안실명제를 도입하였다. 이는 종전 의원발의 경우 발의의원과 찬성의원을 구분하고는 있었으나, 발의의원수가 많아 발의를 주도한 의원이 누구인지를 객관적으로 파악하기가 곤란한 점과 법률안을 발의한 이후에는 발의의원이 해당 법률안의 책임성을 제고시키면서 의정활동에 대한 객관적인 평가 수단을 제공할 수 있는 점을 근거로 하였다.

(2) 위원회 안

위원회에서 입안한 안을 일반적으로 위원회 안이라고 하는데, 위원회 안은 좁은 의미에서는 위원회에서 독자적으로 입안한 법률안을 말하고, 넓은 의미에서는 위원회의 의결을 거쳐 국회의장에게 제출한 안 즉, 위원회의 대안까지를 포함하며, 가장 넓은 의미에서는 위원회의 의결을 거쳐 확정된 그 위원회의 안 즉, 위원회의 수정안까지도 포함하여 이해한다. 여기서는 위원회 안을 좁은 의미의 위원회 안을 의미하는 것으로 이해하기로 한다. 위원회 안은 특별위원회가 입안하는 경우와 상임위원회에서 입안하는 경우로 구분하여 설명하기로 한다.

특별위원회는 수 개의 상임위원회 소관과 관련되거나 특히 필요하다고 인정한 안건을 효율적으로 심사하기 위하여 본회의의 의결로 설치하는데, 여기서 말하는 안건에는 법률안도 포함된다. 특별위원회에서는 회부된 법률안에 대한 심사과정에서 기존의 안을 수정하거나 대안을 입안하기도 하며 위원회에서 독자적인 법률안의 제안을 목적으로 입안하기도 한다.

위원회 안을 입안하는 과정은 ① 여·야간 쟁점이 되는 특정한 법률안을 입안하기로 정치적인 합의를 도출하고, ② 이 법률안을 입안하기 위하여 특별위원회를 설치하며, ③ 동 위원회 구성과 법률안의 처리일정을 확정하고, ④ 위원회 내에 소위원회를 설치하여 소위원회 안을 마련하며, ⑤ 위원회 전체회의에서 소위원장으로부터 소위원회 안을 보고 받은 후 이를 위원안으로 확정하고, ⑥ 위원회 안을 위원명의로 의장에게 제출하는 순으로 진행된다. 따라서 국회의원이나 정당에서 법률안을 입안하는 경우와 비교할 때 차이점이 있다.

상임위원회 차원에서 법률안을 입안하는 과정을 살펴보면 먼저 위원회 안을 입안하는 경우에는 ① 위원회에서 특정한 법률안을 입안하기로 하고 이를 위하여 관련 소위원회를 지정하거나 별도로 소위원회를 구성하기로 의결하고, ② 동소위원회에서 법률안초안을 작성·검토하여 소위원회 안을 마련하여, ③ 위원회 전체회의에서 소위원장으로부터 소위원회 안을 보고 받은 후 의결로 이를 위원회 안으로 확정하고, ④ 위원회 안을 위원장명의로 의장에게 제출하는 순으로 이루어진다.

대안을 입안하는 과정은 ① 상임위원회에 이미 회부되어 있는 법률안을 전체회의에 상정하여 대체토론을 거쳐 소위원회에 회부하고, ② 소위원회에서 회부된 법률안을 심사하여 원안을 대신하는 소위원회 안을 입안하며, ③ 위원회 전체회의에서 소위원장으로부터 소위원회 안을 보고 받은 후 이를 위원회의 안으로 의결하고, ④ 이를 위원장명의로 의장에게 제출하는 순으로 이루어지는 것이 일반적이다.

수정안을 입안하는 과정은 상임위원회에 상정된 법률안에 대하여 전문위원이 검토한 수정의견이나 의원의 수정동의를 위원회 수정안으로 전체회의에서 채택하거나 대안의 경우처럼 전체회의에서 대체토론을 거쳐 소위원회에 회부하여 여기서 수정안을 입안한 후 전체회의에서 소위원회 수정안을 위원회 수정안으로 채택하는 방식으로 이루어지기도 한다. 수정안과 관련하여 국회법에서 전원위원회제도를 채택하면서 전원위원회에서 심사하는 의안에 대하여는 전원위원장을 제출자로 하여 수정안을 제출할 수 있도록 하고 있다. 전원위원회의 심사대상이 되는 안건은 위원회의 심사를 거치거나 위원회가 제안한 의안 중 정부조직에 관한 법률안, 조세 또는 국민에게 부담을 주는 법률안 등으로 제한된다.

전원위원회에서 심사하여 수정안을 입안하는 경우, 위원회의 수정안에 포함되지 않은 내용을 반영하거나 위원회의 수정안과 다른 내용으로 수정할 수 있다.

위원회에서 제안한 의안을 위원장이 제출자가 되므로 독립된 의안이 아닌 수정안을 제외한 위원회 안 또는 대안이 마련되면 위원장 명의로 의장에게 직접 제출한다. 위원회는 심사대상인 법률안에 대하여 의장에게 직접 제출한다. 위원회는 심사대상인 법률안에 대하여 의장에게 미리 보고하고 그 입법취지·주요내용 등을 국회공보 등에 게재하여 입법예고할 수 있도록 하고 있다. 따라서 위원회안의 경우에도 입법예고를 하는 것이 바람직하다. 위원회에서 제출한 위원회 안이나 대안은 이미 해당 위원회의 심사과정을 거쳤기 때문에 그 위원회에 회부하지 아니한다. 다만, 의장은 제출된 위원회 안 등을 국회운영위원회의 의결에 따라 해당 위원회가 아닌 다른 위원회에 회부할 수 있다.

(3) 정부제출 법률안

정부도 법률안제출권을 갖는다. 실제 입법과정에서 정부제출 법률안의 통과비율이 높다. 행정부가 법률안을 입안하는 과정은 국회의원이나 정당의 경우에 비하여 복잡하다. ① 입법정보의 수집·분석과 입법정책의 결정, ② 초안(부처안)의 작성, ③ 관계부처와의 협의 및 의견수렴, ④ 당정협의, ⑤ 입법예고, ⑥ 법제처 심사, ⑦ 차관회의·국무회의 심의,

⑧ 대통령 결재 및 국회 제출 순으로 진행된다.

1) 입법정보의 수집·분석과 입법정책의 결정

정부는 법집행과 경험에서 얻은 풍부한 정보와 함께 축적된 입법노하우를 가진다. 다양한 입법정보 가운데 국정감사 등에서 국회의원이 제기한 문제점, 법집행과정에서 발생한 이해관계인이 제기한 민원, 관계부처 간의 권한쟁의사항, 입법미비에 따른 법집행의 장애요인, 사건·사고발생 등은 중요한 입법정보가 되고 있다. 이러한 입법정보를 분석·평가한 후 입법정책을 수립하게 된다.

2) 초안의 작성

입법정책이 결정되면 법률안 초안의 작성에 들어간다. 그러나 실무상에 있어서는 초안의 작성에 앞서 연구보고서를 만들기도 하는데, 여기에는 ① 입법하려는 내용의 확정, ② 현행 법제도 및 외국의 입법례에 대한 조사·검토, ③ 입법에 따른 비용과 편익의 분석, ④ 입법에 따라 예상되는 문제점 등을 담게 된다.

초안은 해당 법률안을 집행하게 되는 소관부처에서 입안하기 때문에 부처안이라고도 한다.

3) 관계부처와의 협의 및 의견수렴

초안이 마련되면 그 안의 내용과 관련된 부처와 협의하고 합의를 도출해내야 한다. 입법예고와는 별도로 관련단체나 관계전문가의 의견을 청취하기도 한다. 이 과정에서 관계부처 등의 반대가 있거나 수정 또는 보완 요청이 있는 때에는 관계부처를 설득하거나 관계부처의 의견을 초안에 반영하게 된다.

한편 예산 및 회계에 관한 법령, 예산 및 회계에 관한 법령 외의 다른 법령으로서 예산 및 회계에 관한 내용을 규정하는 법령, 사업자의 가격·거래조건의 결정 및 시장진입 또는 사업활동의 제한 등 경쟁제한사항을 규정하는 법령, 무역에 관한 사항 등에 관한 법률안을 입안하는 데에는 예산회계법, 독점규제및공정거래에관한법률, 조세특례제한법, 선거관리위원회법, 대외무역법등관계법률[46]에 의거하여 소관부처와 반드시 협의를 거쳐야 한다. 따라서 예산부처와의 협의과정에서 예산사정 등을 이유로 하여 초안(부처안)의 내용이 수정되거나 입법이 보류되기도 한다. 정부입법과정에서의 협조에 관하여는 대통령령인 법제업무운영규정에서 필요한 사항을 규정하고 있다.

4) 당정협의

기존 정부입법관행은 관계부처와 협의를 마치게 되면 당정협의에 들어간다. 당정협의는 법률상 근거 하에 이루어지는 필요적 과정이라기보다는 국정을 이끌어 가는 정부와 여당이 입법정책이나 입법과정에 공동으로 대응하려는 필요성에서 대두한 것이다. 당정협의에 관하여는 「당정협의업무 운영규칙」[47]으로 규정하고 있다. 이를 통하여 정부는 법률안뿐만 아니라 대통령령안, 국민생활 또는 국가경제에 중대한 영향을 미치는 정책안 등에 대해서 입법배경 및 필요성을 여당에 인식시키고 국회처리과정에서 협조를 구하는 한편 정책을 사전 조율하는 창구로 활용한다. 여당은 입법에 대한 설명을 듣고 입장을 밝히며 아울러 수정이나 보완사항을 주문하기도 한다.

---

46) 조정찬, 법제실무강좌3, 법제처, 1994. 4, 96면.
47) 국무총리훈령 제601호(2013. 4. 15. 시행).

5) 입법예고

당정협의 과정을 거쳐 법률안의 내용이 개략적으로 확정되면 입법예고를 하게 된다. 입법예고는 입법하고자 하는 법률안과 그 내용을 국민에게 알리고 의견을 청취하는 절차이다. 따라서 입법예고는 입법과정에 국민이 참여하거나 사전에 권익을 보호할 수 있는 통로이다. 입법예고는 공개적이고 투명한 입법과정을 만드는 데 기여한다.

입법예고는 법률안을 입안한 행정청에서 하며(행정절차법 제41조 제1항), 법제처장은 예고를 하지 아니한 법령안의 심사요청을 받은 때에는 입안기관의 장에게 입법예고를 권고하거나 직접 예고할 수 있다(동법 제41조 제3항). 입법예고는 입법취지, 주요내용 또는 전문을 관보·공보나 신문·방송·컴퓨터통신 등의 방법으로 하고(동법 제42조 제1항), 또한 누구든지 예고된 법령안에 대하여 의견을 제출할 수 있다. 입법예고시 의견접수기관·의견제출기간 등 필요한 사항을 함께 공고하며, 제출된 의견은 존중하고, 의견을 제출한 자에게 그 처리결과를 통지하여야 한다(동법 제44조 제1항 내지 제5항). 입법예고기간은 특별한 사정이 없는 한 40일 이상으로 한다(동법 제43조).

6) 법제처 심사

법제처는 국무회의에 상정될 법령안 등의 심사권이 있다(정부조직법 제23조). 이에 따른 심사는 정부입법과정에서 반드시 거쳐야 할 법적 절차이다. 법제처 심사는 법률상호 간의 체계를 유지하고 헌법위반이나 법리상 모순 등 문제점을 시정하며 법형식을 갖추게 하는 한편 입안과정에서 필요한 절차를 거쳤는지를 확인하는 데 목적이 있다. 법제처는 그 심사과정에서 헌법위반 등의 소지가 있다고 판단되는 사항에 대하여 주관부처에 의견을 제시하여 부처안에 반영하게 되는데, 법제처 의견이 반영되지 않은 중요한 사항이 있는 경우에는 법률안을 국무회의에 상정하면서 표기하게 된다. 또한 부처간 협의가 필요함에도 불구하고 협의절차를 거치지 아니한 사안으로 그 사안이 중요하다고 판단된 때에는 주관부처에 법률안을 반려하여 협의를 거치도록 한다. 법제처의 심사와 관련한 사항은 대통령령인 법제업무 운영규정에서 정하고 있다(제21조 내지 제23조의2)

7) 차관회의 · 국무회의 심의

부처안에 대한 법제처 심사가 끝나게 되면 차관회의를 거쳐 국무회의에 상정된다. 차관회의는 차관회의 규정에 근거한다. 차관회의는 국무회의에 제출될 의안 등을 심사한다(차관회의규정 제1조). 차관회의를 마치고 나면 국무회의 심의에 들어가는데 헌법 제89조 제3호는 국무회의 심의사항에 법률안을 포함하고 있기 때문에 이 절차는 헌법상 필수적 절차이다. 국무회의의 운영에 관한 구체적 사항은 '정부조직법'과 대통령령인 '국무회의규정'에서 규정하고 있다. 대통령을 의장으로 하는 국무회의는 구성원 과반수의 출석으로 개의하고, 출석구성원 3분의 2 이상의 찬성으로 의결한다고 되고 있다(국무회의 규정 제6조).

8) 대통령 승인 및 국회제출

부처안은 국무회의의 심의를 거쳐 대통령의 결재를 받는다. 법률안이 확정되면 대통령이 서명하고 국무총리 및 관계국무위원이 부서하여 국회에 제출한다. 헌법 제82조는 대통령의 국법상 행위는 문서로써 하며, 이 문서에는 국무총리와 관계 국무위원이 부서 하도록 하고 있는데 국무총리 및 관계국무위원의 부서가 없는 경우 대통령의 결재행위가 그대로 유효한지 의문이 있다. 헌법학자들의 견해[48]가 갈리나 사실상 부서 없는 대통령의 국정행위는 가능성이 거의 없다.

III. 법률안 심의

1. 의의

법률안 심의는 국회에 제출된 이후 일정한 절차에서 이루어진다. 국회 심의란 국회에서 안건의 내용을 심사하고 의결하는 것을 말한다. 국회가 법률안을 심의하는 과정에서 당초 입안한 내용을 그대로 통과시키기도 하지만 수정하거나 아예 폐기하기도 한다. 따라서 법률안이 국회에 제출되었다고 반드시 입법으로 이어지지는 않는다. 법률안에 대한 국회의 심의과정을 통하여 국민의 법생활과 국가운영에 필요한 법규범을 형성할지 여부를 판단하는 것이다. 이런 측면에서 국회의 심의는 전체 입법과정에서 가장 중요한 절차라고 할 수 있다. 국회의 심의는 체계론적 관점에서 볼 때에는 입안된 법률안에 대한 전환과정이라고 볼 수 있다. 따라서 심의과정이 지연되는 때에는 그만큼 법률의 성립이 늦어지고, 그 심의과정이 형식적인 때에는 충실한 내용을 담지 못한 법률이 양산될 가능성이 크다. 따라서 법률은 국가나 국민에게 필요한 최소한으로 이루어

48) 부서가 결여된 경우 대통령의 국법상 행위의 효력에 대한 학설은 ① 대통령의 국법상 행위는 무효는 아니며 탄핵소추의 원인이라고 보는 유효설, ② 부서가 없으면 대통령의 국법상 행위의 형식적 요건이 구비되지 않으므로 합법적으로 성립될 수 없다고 보는 무효설이 있다. 김철수, 헌법학개론, 박영사, 2004, 1051면.

져야 한다.

국회는 국민의 대표기관이고, 국회에서 심의하는 법률안에 대한 의사결정권한은 국회의원에게 부여되어 있는 만큼 국민의 의사에 충실한 입법을 하여야 한다. 민주적인 입법과정을 요구하는 것이다. 결국 국회의 심의과정은 효율성과 민주성의 조화를 본질적 문제로 하고 있다. 구체적 내용은 절차의 순서에 따라 살펴보겠다.[49]

2. 본회의 보고

법률안이 국회에 발의 또는 제출되면 국회의 심의과정이 진행된다. 국회 심의과정은 법률안의 본회의 보고, 소관위원회 회부, 입법예고, 소관위원회 심사, 법제사법위원회의 체계자구심사, 전원위원회 심사, 본회의 심의 순으로 이루어진다.

국회의장은 법률안이 발의되거나 제출되면 이를 인쇄하여 의원에게 배부하고 본회의에 보고한다. 그러나 국회가 폐회 또는 휴회 중인 때에는 본회의 보고를 생략하고 소관 상임위원회에 회부할 수 있다.

3. 소관 위원회 회부

국회의장이 본회의에 보고한 뒤에는 소관 위원회에 회부한다.[50]

소관 위원회 회부라고 함은 국회의장이 제출된 법률안을 소관 위원회

49) 김은철, 앞의 논문, 85-108면.

50) 법률안 회부권은 국회의장의 권한이다. 따라서 국회의 원구성이 이루어지지 않아 국회의장이 공석인 경우에는 법률안은 소관 위원회에 회부되지 못한다.

에 보내어 심사에 착수하도록 하는 것을 말한다. 국회의장은 위원회에 회부함에 있어 법률안의 신속한 심사 등을 위하여 심사기간을 지정하여 할 수 있고, 그 기간 내에 심사를 마치지 아니한 때에는 의장은 중간보고를 들은 후 다른 위원회에 회부하거나 바로 본회의에 부의할 수 있다. 심사기간 지정제도를 민주성이라는 측면에서 소수자의 횡포를 방지하기 위한 제도라고 할 수 있다.

그러나 한편 심사기간 지정제도는 소관 위원회에서 다수파 의원들의 수적 우위에 밀려 소수파 의원들의 정당한 주장이 반영되지 않을 경우 소수파 의원들이 자신들의 주장을 관철하기 위한 노력의 일환으로 문제의 법률안을 위원회 단계에서 잡아 두는 것을 불가능하게 한다는 점에서 다수의 횡포를 조장할 수 있다.

(1) 상임위원회 회부

국회는 정부 부·처 등 국가기관에 속하는 사항을 기준으로 소관 상임위원회를 구분하고 있는데, 정부제출 법률안의 경우는 관계국무위원의 부서를 기준으로 소관 상임위원회를 정하여 회부하고, 의원발의법률안의 경우는 법률안의 내용에서 규정하고 있는 사항을 담당하는 주무부처 등을 기준으로 소관 상임위원회를 정하여 회부한다. 그리고 위원회가 그 소관에 속하는 사항에 관하여 입안하여 제출한 위원회 안이나 대안은 해당 위원회의 심사를 거쳤으므로 다시 해당 위원회에 회부하지 않고 본회의에 부의한다. 다만, 위원회에서 제출한 법률안의 내용이 불충분하다고 판단되거나 중대한 사정변경 등 다시 심사할 필요가 있다고 인정될 경우 국회의장은 국회운영위원회의 의결에 따라 이를 다른 위원회에 회부할 수 있다.

국회의장이 소관 상임위원회를 정하여 특정 상임위원회에 어떤 법률안을 회부하는 때에는 대체로 그 상임위원회에서 심사가 진행되지만, 의원발의 법률안의 경우 그 집행부처가 불분명하거나 다수 부처가 관계되는 경우 해당 법률안을 심사할 소관 상임위원회를 놓고 다툼이 발생하기도 한다.

한편 소관 상임위원회를 결정함에 있어 어느 상임위원회의 소관에 속하는지 명백하지 아니한 때에는 국회의장은 국회운영위원회와 협의하여 소관 상임위원회를 결정하여 회부하되 협의가 이루어지지 아니할 때에는 의장이 이를 직권으로 결정하도록 하고 있다.

(2) 특별위원회 회부

국회는 특히 필요하다고 인정한 안건을 심사하기 위하여 특별위원회를 둘 수 있고, 의장은 특히 필요하다고 인정되는 법률안에 대하여 본회의의 의결을 얻어 특별위원회에 회부할 수 있도록 하고 있다.

법률안이 특별위원회에 회부된 때에도 상임위원회에서와 동일한 절차를 거쳐 법률안을 심사하게 된다.

(3) 관련위원회 회부

국회법 제83조에서 의장은 법률안 등 안건을 소관위원회에 회부하는 경우 그 안건이 다른 위원회의 소관사항과 관련이 있다고 인정할 때에는 관련위원회에 회부할 수 있다고 규정하고 있다. 그리고 안건이 소관위원회에 회부된 후에도 다른 위원회로부터 회부요청이 있는 경우 의장이 필요하다고 인정할 때에는 회부할 수 있다.

관련위원회 회부제도는 국회에 제출된 법률안의 내용이 여러 부처와 관련됨에 따라 이를 소관으로 하고 있는 위원회가 복수로 존재할 수 있기 때문이다. 따라서 특정 위원회에서만 심사할 경우에는 법 상호간 충돌을 초래하거나 중요한 관련사항을 누락 또는 오해할 수 있어 궁극적으로 입법상 소관사항을 침범하거나 입법미비를 초래하는 문제점을 해소하고자 하는 데 그 의미가 있다.

국회법은 의장이 관련위원회에 회부하는 때에 의견제시기간을 정하는 방식을 취하고 있다. 그리고 소관위원회는 관련위원회의 의견제시기간이 경과하지 않는 한 법률안의 심사를 종료하여서는 안된다. 필요한 경우 관련위원회는 의장에게 의견제시기간의 연장을 요청할 수 있다.

그러나 관련위원회에서 의견을 제시하였다고 하여 소관위원회에서 그 의견대로 결정을 하여야 하는 기속력이 있는 것은 아니며, 만일 관련위원회에서 정하여진 기간 내에 의견을 제시하지 않는 때에는 소관위원회에서 바로 심사보고를 할 수 있다.

1991년 5월 관련위원회제도 도입이후 이를 활성화하기 위해서 2010년 3월 동조 제4항을 신설하여 "소관위원회는 관련위원회가 제시한 의견을 존중하여야 한다."라고 규정하였다. 그러나 관련위원회 의견이 제시되더라도 기속력이 없어 실효성이 없고, 단일 위원회 소관주의라는 그 동안의 관행이 뿌리 깊게 내재되어 있기 때문에 활성화 되지 못하고 있다. 따라서 여러 위원회의 소관에 관련되는 법률안을 제대로 처리하기 위하여 미국 등에서 활용되고 있는 복수회부제도의 도입을 고려해볼만 하다.

4. 입법예고

국회법 제82조의2에서 "위원장은 간사와 협의하여 회부된 법률안(체계·자구심사를 위하여 법제사법위원회에 회부된 법률안은 제외한다)에 대하여 그 입법 취지와 주요 내용 등을 국회공보 또는 국회 인터넷 홈페이지 등에 게재하는 방법 등으로 입법예고하여야 한다."고 하여 입법예고를 규정하고 있다.

다만, 입법이 긴급을 요하는 경우, 입법내용의 성질 또는 그 밖의 사유로 입법예고를 할 필요가 없거나 곤란하다고 판단되는 경우에는 위원장이 간사와 협의하여 입법예고를 하지 아니할 수 있다라고 예외를 규정하고 있는 것이 문제점으로 지적된다. 그리고 입법예고기간은 10일 이상으로 한다고 규정하면서도 특별한 사정이 있는 경우에는 단축할 수 있다라고 규정하여 입법예고의 취지를 반감시키고 있다.

5. 소관위원회 심사

법률안이 소관위원회에 회부되면 소관위원회는 그 법률안에 대한 심사에 들어간다. 위원회의 법률안 심사과정은 ① 위원회 상정, ② 제안자 취지설명, ③ 전문위원 검토보고, ④ 대체토론, ⑤ (상설)소위원회심사, ⑥ 축조심사, ⑦ 찬반토론, ⑧ 표결 순으로 이루어지는 것이 일반적이다.

(1) 위원회 상정

국회법 제59조에서 "위원회는 의안(예산안, 기금운용계획안 및 임대형 민자사업 한도액안은 제외한다. 이하 이 조에서 같다)이 그 위원회에 회부된 날부터 일부개정법률안 15일, 제정법률안, 전부개정법률안 및 폐지법률안 20일, 체계·자구심사를 위하여 법제사법위원회에 회부된 법률안 5일, 법률안 외의 의안 20일의 기간이 경과하지 아니한 때에는 이를 상정할 수 없다. 다만, 긴급하고 불가피한 사유로 위원회의 의결이 있는 경우에는 그러하지 아니하다."라고 규정하여 의안의 상정시기에 대해서 정하고 있다. 이와 같이 제한을 두고 있는 것은 ① 의원이 법률안의 내용을 검토할 수 있는 최소한의 기간을 보장하고, ② 통과위주의 법률안 심사관행을 제거하고 나아가 졸속입법 가능성을 방지하며, ③ 심사과정의 적정성 제고를 통한 입법과정의 합리성을 제고하고자 하는 데 목적이 있다.

그리고 2012년 5월에 국회법 제59조의2를 신설하여 "위원회에 회부되어 상정되지 아니한 의안(예산안, 기금운용계획안 및 임대형 민자사업 한도액안은 제외한다)은 제59조에서 규정하고 있는 기간이 경과한 후 30일이 경과한 날 이후 처음으로 개회하는 위원회에 상정된 것으로 본다."라고 규정하여 의안의 자동상정을 규정하고 있다. 이 경우 위원장이 간사와 합의하는 경우에는 그러하지 아니하다.

아울러 법률안이 특정회기에 집중적으로 제출·심사되는 현상을 방지하기 위하여 연중 법률안을 심사하는 방향으로 운영될 필요가 있다.

(2) 제안자 취지 설명

법률안이 위원회에 상정되면 먼저 제안자는 위원회에 출석하여 그 취지를 설명한다(국회법 제58조 제1항).

의원발의법률안인 경우에는 제안 설명자가 발의한 의원(발의자가 다수인 경우에는 그 중 대표자 1인), 정부제출법률안의 경우에는 제안 설명자가 관계 국무위원(또는 정부위원)이 된다.

(3) 전문위원 검토 보고

제안자가 설명을 마치게 되면 위원회 소속 전문위원이 해당 법률안에 대하여 검토한 사항을 보고한다. 전문위원 검토보고는 국회법상 거치도록 되어 있는 필수절차로서(제58조 제1항), 의원들이 전문적 지식을 가진 전문위원의 의견을 청취하는 절차라고 할 수 있다.

전문위원은 위원회 소속 입법심의관, 입법조사관의 보좌를 받아 법률안의 실체적인 측면인 입법필요성, 내용의 타당성, 기존법과의 관계 등에 대한 의견과 필요한 경우에는 해당 법률안에 대한 수정의견 등을 제시한 검토보고서를 작성하는데, 특별한 사정이 없는 한 법률안의 위원회 상정일 48시간 전까지 소속위원들에게 배부하여(국회법 제58조 제8항) 위원들이 그 내용을 사전에 검토할 수 있도록 하고 있다.

(4) 대체토론

전문위원의 검토보고에 이어 대체토론에 들어간다. 대체토론이라 함은 법률안 등 안건전체에 대한 문제점과 당부에 관하여 일반원칙을 토론하는 것을 말하는데, 국회법은 여기에 제안자와의 질의·답변을 포함한다고 규정하고 있다(제58조 제1항).

위원회가 안건을 소위원회에 회부하기 전에 반드시 대체토론을 거치도록 보완하였다(제58조 제3항).

한편 질의·답변은 위원회위원이 해당 법률안에 대한 의문점을 묻고 제안설명을 한 의원이나 국무위원 등이 이에 답변하는 방식으로 이루어진다. 위원회에서는 질의는 일문일답방식으로 하여야 하지만(국회법 제60조 제2항 본문) 실제에 있어서는 위원들이 일괄적으로 먼저 질의하고(동조 동항 단서), 이에 대하여 국무위원 등이 일괄적으로 답변하는 방식으로 이루어지는 것이 보통이다.

위원회는 안건이 예산상의 조치를 수반하는 경우에는 정부의 의견을 들어야 하며, 필요하다고 인정하는 경우에는 의안의 시행에 수반될 것으로 예상되는 비용에 관하여 국회예산정책처의 의견을 들을 수 있다(국회법 제58조 제7항).

(5) 상설소위원회 심사

국회법은 위원회가 특정한 안건의 심사를 위하여 소위원회를 둘 수 있고(제57조 제1항), 상임위원회는 그 소관사항을 분담·심사하기 위하여 상설소위원회를 둘 수 있도록 규정하고 있다(동조 제2항). 이에 따라 위원회는 그 동안 법률안 등의 심사를 목적으로 소위원회를 설치하여 운영하여 왔고, '국회상설소위원회 설치 등에 관한 규칙'이 제정됨에 따라 현재는 정보위원회를 제외한 15개의 상임위원회에 3개의 상설소위원회가 설치되게 되었다. 그리고 상임위원회가 안건을 심사함에 있어서는 반드시 상설소위원회에 회부하여 이를 심사·보고하도록 명문화(제58조 제2항 본문)하였다. 따라서 상임위원회 운영이 소위원회 중심으로 이루어지고 있다.

소위원회제도는 안건의 능률적이고 전문적인 심사 차원에서 적극적으로 활용되면서 위원회 심사과정에서 중심적인 역할을 하고 있다. 그러나 법률안의 심사를 소위원회 심사에 의존하게 되면서 다음과 같은 문제점이 발생하고 있다. ① 소위원회 위원이 아닌 다른 의원들이 실질적으로 법률안 심사에서 배제되게 되고, ② 법률안에 대한 위원들의 관심을 떨어뜨리며, ③ 비공개로 소위원회가 운영됨에 따라 국민의 감시와 통제가 어려워지고, ④ 입법과정이 소수의 의원들에 의하여 좌우되므로 이익집단들이 마음만 먹으면 적은 비용으로 쉽게 소위원회 위원들을 설득할 수 있게 되는 등 위원회중심주의의 문제점이 나타날 수 있다. 따라서 소위원회제도는 효율성 면에서는 아주 이상적인 제도이나 반대로 민주성 측면에서는 많은 문제를 야기하고 있다.

(6) 축조심사

대체토론이 끝나게 되면 보다 심도 있는 심사를 위하여 소위원회로 회부하거나 축조심사에 들어간다(소위원회에 회부한 법률안이 전체 위원회에 보고된 이후에도 축조심사는 가능). 축조심사는 법률안을 한 조항씩 차례차례 심사하는 방식이다.

적어도 소관위원회에서 심사하는 제정법률안과 전부개정법률안에 대하여는 축조심사를 의무화하였다. 축조심사를 하는 경우 법률안 심사에 많은 기간이 소요되는 등 능률성이 떨어지게 되나 심도 있는 심사로써 입법상 미비점을 사전에 예방할 수 있게 하는 장점이 있다.

(7) 찬 · 반 토론

축조심사·소위원회 심사보고를 마치면 법률안의 통과 여부에 대한 의사결정을 하기에 앞서 찬성과 반대의견을 개진하는 찬·반 토론이 있게 된다.

찬·반 토론은 찬성이나 반대하는 주장을 피력하는 것이기 때문에 질의와 같이 상대방의 견해를 묻거나 의문점을 제기할 수 없으며, 자신의 찬·반 입장과 그 이유를 밝히는 방식으로 하여야 한다. 토론하고자 하는 의원은 미리 반대 또는 찬성의 의사를 위원장에게 통지하여야 하며, 위원장은 찬반토론에 관한 통지를 받은 순서와 소속 교섭단체를 고려하여 반대자와 찬성자를 교대로 발언하게 하되 반대자에게 먼저 발언을 하게 하여야 한다(국회법 제71조, 제106조).

(8) 표결

법률안에 대한 질의·찬반토론이 끝난 때에는 위원장이 그 종결을 선포하고 표결할 것을 선포한다. 표결은 심사하는 법률안에 대하여 최종적인 의사결정을 하는 것이고, 표결선포 후에는 해당 법률안에 대한 표결 이외에 다시 수정안을 제출하거나 소위원회에 회부 또는 심사보류를 할 수 없다.

위원회의 표결에 관하여는 별도의 규정을 두지 않고 본회의의 표결방법을 준용하도록 하고 있다(국회법 제71조). 전자투표는 위원회 회의장에 전자투표장치가 설치되지 않으면 사실상 실시되기 어렵다.

표결은 위원장이 위원으로 하여금 기립하게 하여 가부를 결정하지만 위원장의 제의 또는 위원의 동의로 위원회의 의결이 있을 때에는 기명 또는 무기명 투표로 표결할 수 있다. 그리고 특히 위원회의 경우에는 의사의 능률성을 고려하여 거수로도 표결할 수 있도록 하고 있다(국회법 제71조).

표결이 끝나면 위원장이 표결결과를 선포하는데, 법률안은 재적위원 과반수의 출석과 출석위원 과반수의 찬성으로 의결하며, 가부동수인 때에는 부결된 것으로 본다(헌법 제49조, 국회법 제109조).

(9) 위원회 심사에서의 관련절차

1) 발의자 또는 제출자에 의한 철회·수정

법률안이 위원회에 회부되더라도 일정한 조건 하에 제안자는 이를 철회할 수 있다. 의원발의법률안은 발의한 의원이 찬성자의 동의 없이 철회할 수 있으며, 발의자가 2인 이상인 때에는 발의의원 2분의 1 이상이 철회의사를 표시하는 때에 철회할 수 있다. 이 경우 해당 법률안이 위원회의 의제가 된 후에는 위원회의 동의를 필요로 한다. 정부제출법률안은 위원회 의제가 되기 전에는 철회요구만으로 가능하나 위원회의 의제가 된 때에는 위원회의 동의를 얻어야 한다. 철회는 서면으로 하여야 한다.

수정의 경우를 살펴보면 국회법은 '발의자의 철회'와는 달리 발의자가 발의한 법률안을 수정할 수 있다는 명문의 규정을 두고 있지 않은데, 그 이유는 본회의 또는 위원회에서 의원이 수정동의를 낼 수 있기 때문으로 생각된다. 정부제출법률안은 철회와 마찬가지로 위원회의 의제가 되기 전에 가능하며, 의제가 된 후에는 위원회의 동의를 얻어야 한다.

2) 번안

국회법 제91조에서 이미 가결한 법률안에 대하여 그 의결을 무효로 하고 다른 내용으로 번복하여 의결하는 번안제도를 두고 있다. 번안제도는 이미 법률안이 가결되었지만 가결 당시와는 사정이 현저히 달라졌거나 명백한 착오 등으로 인한 문제점이 발견되어 가결된 법률안을 재고 또는 시정하려는 데 그 목적이 있다. 다만 번안은 의결된 법률안을 재의하여 번복하는 절차라는 점에서 제한이 뒤따른다.

번안은 본회의와 위원회에서 할 수 있다. 위원회에서는 위원의 동의로 그 안을 갖춘 서면으로 제출하되 재적위원 과반수의 출석과 출석위원 3분의 2이상의 찬성으로 할 수 있다. 그리고 위원회에서는 그 안건이 본회의 의제가 된 후에는 번안 할 수 없다.

3) 연석회의

국회법 제63조에서 법률안이 2개 이상의 상임위원회의 소관사항에 관련이 있는 때에는 회부 받은 소관위원회가 관련위원회와 연석회의를 열어 의견을 교환할 수 있도록 하고 있다. 이는 법률안과 관련 있는 위원회 상호간에 의견교환을 통하여 법률안심사의 효율성을 도모하고 위원회간 분쟁을 사전에 방지하는데 의의가 있다.

4) 공청회

국회법 제64조에서 공청회에 관해서 규정하고 있다. 위원회(소위원회를 포함한다)가 중요한 안건이나 전문지식을 요하는 안건을 심사하기 위하여 위원회의 의결 또는 재적위원 3분의 1이상의 요구로 공청회를 열어 이해관계자 또는 학식·경험이 있는 자 등으로부터 의견을 들을 수 있도록 하고 있다.

공청회의 개최는 본회의에서는 할 수 없고 위원회에 인정된 권한으로서 상임위원회는 물론 특별위원회에서도 개최할 수가 있다. 공청회는 법률안 심의에 필요한 의견수렴 과정이라고 볼 수 있으므로 그 개최시기는 법률안에 대한 토론과 표결을 하기 전에 하여야 한다.

공청회는 주관하는 위원회의 회의로 하기 때문에 일반적인 회의절차에 따라 하게 된다. 진술인과 위원의 발언시간은 위원회에서 정하며 진술인의 발언은 의견을 듣고자 하는 안건의 범위를 넘어서는 아니 되고 그 외 공청회 운영에 필요한 사항은 국회규칙으로 정하도록 하고 있다.

한편 위원회에서 공청회를 열 때에는 안건·일시·장소·진술인·경비 기타 참고사항을 기재한 문서로 의장에게 보고하여야 한다.

5) 청문회

국회법 제65조에서 청문회 제도를 두고 있다. 청문회 제도는 위원회(소위원회를 포함한다.)에서 국정감사 및 조사를 포함하여 중요한 안건의 심사에 필요한 경우 증인·감정인·참고인으로부터 증언·진술을 청취하고 증거를 채택하기 위하여 도입되었다.

청문회 제도가 매우 발달한 미국에서는 법률안 제정·개정을 위한 안건심사와 관련한 청문회(입법청문회), 국정조사와 관련하여 개최되는 청문회(조사청문회), 정부에 대한 감독자로서 개최하는 청문회(감독청문회) 등으로 운영되고 있다.

법률안심사와 관련한 청문회의 경우, 공청회와 실질적인 차이가 없지 않는가 하는 의문이 제기될 수 있으나 공청회의 경우에는 이해관계인 또는 학식·경험이 있는 자 등이 진술인 자격으로 참여하여 의견을 진술하는 데 비하여 청문회의 경우에는 증인·감정인·진술인 자격으로 출석하여 증언·진술을 하게 되며, 출석의 거부를 비롯하여 출석한 증인·감정인이 허위의 증언이나 감정을 한 때에는 처벌을 받게 된다(국회에서의 증언·감정 등에 관한법률 제14조)는 점에서 차이가 있다. 즉 청문회는 강제력을 가진다.

6. 법제사법위원회의 체계·자구심사

국회법은 위원회에서 법률안의 심사를 마치거나 입안한 때에는 법제사법위원회에 회부하여 체계와 자구에 대한 시사를 거쳐야 한다고 규정하고 있다(제86조 제1항). 법제사법위원회의 소관에 관한 조항에서 법률안 외에 국회규칙도 법제사법위원회의 체계·자구심사대상으로 규정하고 있다(제37조). 체계·자구심사는 법상호간의 충돌이나 모순을 시정하여 법체계상 조화를 도모하고, 조문의 구성이나 배열 등 법형식의 통일을 유지하며 불명확하거나 오기된 자구를 수정·보완하는 데 그 목적이 있다. 따라서 법률안이 ① 헌법상 죄형법정주의·소급입법금지원칙·조세법률주의·과잉입법금지원칙이나 헌법의 기본원리나 기본질서 위반 등 위헌적 요소가 있지 않는지, ② 기존 법률의 내용과 충돌하거나 모순되는 사항은 없는지, ③ 조항 상호간에 충돌하거나 모순되거나 누락된 부분은 없는지, ④ 법령의 소관사항은 잘 지켜지고 있는지, ⑤ 포괄위임이나 재량권 남용의 소지는 없는지, ⑥ 법문표현이나 용어사용이 적절한지 등에 대하여 중점적으로 검토한다.

이와 같은 체계·자구의 심사절차는 국회법에서 별도의 규정을 두고 있지 아니하므로 일반적인 위원회 심사절차에 따르게 된다. 즉, 법제사법위원회의 체계·자구심사 절차는 ① 소관위원회로부터 법제사법위원회로의 회부, ② 법제사법위원회 상정, ③ 제안자 취지설명[51], ④ 전문위원 검토보고, ⑤ 대체토론, ⑥ 소위원회 심사, ⑦ 축조심사, ⑧ 찬반토론, ⑨ 표결 순으로 진행된다.

법제사법위원회의 체계·자구심사에 대하여 의장은 각 교섭단체 대표

---

51) 이 경우 법제사법위원장은 간사와 협의하여 그 심사에 있어서 제안자의 취지설명과 토론을 생략할 수 있다.

의원과의 협의를 거쳐 심사기간을 정할 수 있으며, 이유 없이 그 기간 내에 심사를 마치지 아니한 때에는 바로 본회의에 부의할 수 있도록 하고 있다. 법제사법위원회의 체계·자구심사에 대하여 심사기간을 지정하는 경우는 그렇게 많지 않으나 여·야간 이해관계가 대립되는 법률안이나 국회의 파행운영 등에 있어 법률안을 신속히 처리하고자 하는 때에 주로 활용된다.

7. 전원위원회 심의

국회법 제63조의2에서 전원회위원회제도를 규정하고 있다. 전원위원회는 의회의 전체 의원을 위원으로 하여 구성되는 위원회를 말하는데, 이 제도는 본회의 중심주의를 채택하고 있는 영국과 상임위원회 중심주의를 채택하고 있는 미국 등에서는 운영되고 있다. 우리 국회의 전원위원회제도는 조세 또는 국민에게 부담을 주는 의안 등 중요 안건에 한하여 전원위원회의 심의를 거치도록 하는 미국의회의 전원위원회제도를 모델로 하고 있다.

전원위원회제도를 도입한 주요 목적은 본회의에서의 법률안 심의의 형식화를 보완하여 충실한 심의를 도모하고, 소관상임위원회 또는 소관부처의 이해관계에 따라 법률안이 처리되는 것을 방지하며, 소관위원회 위원이 아닌 의원들이 법률안 심의에 참여할 수 있는 기회를 확대하는 데 있다. 다만, 위원회심사와 본회의심사 사이에 전원위원회라는 중간심사단계가 추가되는 관계로 법률안 등 의안의 처리가 지연되고 효율성이 떨어질 수 있다.

그러나 국회법에서는 몇 가지 견제장치를 마련하고 있다.

첫째, 전원위원회의 심의대상을 위원회의 심사를 거치거나 위원회가 제안한 의안 중 정부조직에 관한 법률안, 조세 또는 국민에게 부담을 주는 법률안 등 주요의안으로 제한하였다.

둘째, 재적의원 4분의 1 이상의 요구가 있는 때에 전원위원회를 개회할 수 있도록 하되, 의장은 주요의안의 심의 등 필요하다고 인정하는 경우 각 교섭단체대표의원의 동의를 얻어 전원위원회를 개회하지 아니할 수 있도록 하였다.

8. 본회의 심의

(1) 일반적인 심의절차

본회의 심의는 ① 본회의 상정, ② 위원장 심사보고(또는 제안자 취지설명), ③ 질의·토론, ④ 표결 순으로 진행된다.

본회의 상정은 본회의 의사일정에 해당 법률안을 포함시켜 본회의에서 의제가 되도록 하는 것을 말한다. 의사일정은 국회법 제76조 제3항의 규정에 따라 의장이 국회운영위원회와 협의하여 작성하도록 하고 있다. 실제로 국회운영일정에 관한 각 교섭단체대표의원간 협의가 선행된 후 그 합의안을 의장이 국회운영위원회에 협의 요청하여 그 의결로 확정하고 있다.

본회의 의제가 되는 법률안은 ① 의장이 회부한 법률안으로서 소관위원회에서 심사·가결되어 본회의 의사일정에 상정된 법률안, ② 소관위원회에서 입안하여 제출한 법률안, ③ 위원회에서 부결된(본회의에 부의하지 아니하기로 결정된) 법률안으로서 본회의에 보고된 날부터 폐회 또는 휴회중의 기간을 제외한 7일 이내에 의원 30인 이상의 요구가 있어 본회의의 의제가 된 법률안, ④ 위원회가 이유 없이 법률안의 심사기간 내에 심사를 마치지 아니하여 의장이 중간보고를 듣고 바로 본회의에 부의하여 의제가 된 법률안이 된다.

본회의에 상정되면 소관위원회에서 심사를 마친 법률안인 경우에는 위원장이 심사보고를 하고, 위원회안 또는 위원회 대안인 법률안인 경우에는 위원장이 제안설명을 하며, 위원회의 심사를 거치지 아니한 법률안인 경우에는 제안자가 취지를 설명하여야 한다. 여기서 위원회안 또는 위원회 대안인 법률안인 경우에는 위원장의 심사보고가 아닌 제안설명 형식으로 함에 유의하여야 한다. 위원장의 심사보고(또는 제안설명)나 제안자의 취지설명이 있은 후에는 질의·토론을 하게 된다.

질의과정은 의원이 심사보고자나 제안설명자를 상대로 법률안의 내용과 관련하여 궁금한 점을 물어 보거나 자기의 견해를 피력하고 그에 대한 답변을 듣는 과정으로 법률안의 본회의심의를 위하여 필수불가결한 단계라고 할 수 있다. 그러나 유감스럽게도 본회의에서의 법률안 심사과정에서 질의제도는 거의 활용되지 못하고 있다.

표결할 때에는 전자투표에 의한 기록표결로 가부를 결정한다. 다만, 투표기기의 고장 등 특별한 사정이 있을 때에는 기립표결로 가부를 결정할 수 있다. 중요한 안건으로서 의장의 제의 또는 의원의 동의로 본회의의 의결이 있거나 재적의원 5분의 1 이상의 요구가 있을 때에는 기명·호명 또는 무기명투표로 표결한다. 의장은 안건에 대한 이의의 유무를 물어서 이의가 없다고 인정한 때에는 가결되었음을 선포할 수 있다. 대통령으로부터 환부된 법률안과 기타 인사에 관한 안건은 무기명투표로 표결한다. 다만, 겸직으로 인한 의원사직과 위원장사임에 대하여 의장이 각 교섭단체대표의원과 협의한 경우에는 그러하지 아니하다.

그리고 투표를 실시하는 경우 재적의원 5분의 1 이상의 요구가 있을 때에는 전자적인 방법 등을 통하여 정당한 투표권자임을 확인한 후 실시한다. 의장이 각 교섭단체대표의원과 합의를 하는 경우에는 기명 또는 무기명투표를 전자장치를 이용하여 실시할 수 있다. 그리고 국회법 제114조의2를 신설하여 의원은 국민의 대표자로서 소속정당의 의사에 기속되지 아니하고 양심에 따라 투표한다 라고 규정하여 의원개개인의 소신에 따라 투표가 이루어질 수 있도록 하고 있다.

(2) 본회의 심의에서의 관련절차

1) 법률안의 재회부

국회법 제94조에서 본회의는 위원장의 보고를 받은 후 필요하다고 인정할 때에는 그 의결로 다시 그 법률안을 위원회 또는 다른 위원회에 회부할 수 있다고 하여 재회부제도를 두고 있다. 이 제도는 법률안이 위원회의 의결을 거쳐 본회의 의제가 되었으나 그 동안 중대한 사정변경이 있거나 법 내용에 중대한 결함이 발견되어 다시 심사할 기회를 주는데 목적이 있다.

2) 법률안에 대한 수정동의

본회의에서 의원들은 위원회에서 심사보고 하거나 제안한 법률안에 대하여 의원 30인 이상의 찬성자와 연서하여 안을 갖추고 이유를 붙여 미리 법률안에 대한 수정동의를 의장에게 제출할 수 있다. 예산안에 대한 수정동의는 의원 50인 이상의 찬성이 있어야 한다.

여기서 수정동의는 소관위원회에서 심사를 마치거나 입안하여 제출한

안에 대하여 하게 되므로, 원안인 법률안과 떨어져서 독립하여 존재하지는 못하며, 소관위원회에 회부되는 일도 없다. 수정동의는 사전에 안을 갖추어 제출한다는 점에 있어서는 다른 의안의 제안과 비교하여 차이가 없다.

그러나 수정동의는 소관위원회소속 의원이 아닌 의원들이 심의중인 법률안에 대하여 자신들의 의견을 개진할 수 있는 기회라는 점에서 중요한 의의가 있다. 그리고 위원회중심주의에서 발생할 수 있는 소수이익집단의 로비에 의한 소수의 횡포 등을 바로 잡을 수 있는 계기가 된다는 측면에서도 의의가 있다. 미국의회에서는 법률안에 대한 수정동의는 의원 개개인이 누구나 발의할 수 있는데 보통 수정동의는 전원위원회 단계에서 이루어진다.

3) 법률안의 철회 및 수정

의원은 그가 발의한 법률안을 철회할 수 있으나 이미 본회의의 의제가 된 법률안을 철회할 때에는 본회의의 동의를 얻어야 한다. 정부제출 법률안의 경우에도 본회의에서 의제가 된 때에는 본회의의 동의를 얻어야 한다.

이미 제출된 법률안의 수정과 관련하여서는 의원발의 법률안의 경우 수정동의를 낼 수 있으므로 별도로 이미 제출된 법률안에 대한 수정이 인정되지 않으며, 정부제출법률안은 철회와 마찬가지로 본회의의 의제가 된 법률안을 수정하고자 할 때에는 본회의의 동의를 얻어야 한다.

4) 번안

본회의에서 이미 의결된 법률안에 중대한 오류나 잘못이 있음이 발견된 때에는 의결된 법률안을 번안하여 의결할 수 있다. 이 경우 법률안을 발의한 의원이 그 법률안을 발의할 때의 발의의원 및 찬성의원 3분의 2 이상의 동의로, 정부 또는 위원회가 제출한 법률안은 소관위원회 의결로, 각각 안을 갖춘 서면으로 제출하고, 재적의원 과반수의 출석과 출석의원 3분의 2이상의 찬성으로 의결한다. 그러나 법률안이 정부에 이송된 후에는 번안할 수 없다.

9. 법률안의 정리

국회법 제97조에서 본회의에서 법률안 의결이 있은 후 서로 저촉되는 조항·자구·숫자 기타정리를 필요로 할 때에는 이를 의상 또는 위원회에 위임할 수 있다고 하여 법률안의 정리제도를 두고 있다. 이는 본회의에서 의결된 법률안의 체계나 형식 및 법문표현을 최종적으로 확인하고 여기서 발견된 경미한 사항을 정리하여 반영하는 데 그 목적이 있다.

따라서 본회의에서 의결된 의안 가운데 조문이나 자구·숫자의 정리가 필요할 때, 의결된 내용이나 취지를 변경하지 않는 범위 안에서 그 정리를 의장이나 위원회에 위임할 수 있다.

Ⅳ. 법률의 공포

1. 의의

입법의 내용을 일반국민에게 알리는 공법상의 행위인 법률의 공포는 입법과정의 마지막 단계이다. 법률의 공포는 법률의 존재를 객관적으로 확정하여, 집행기관인 정부와 적용기관인 법원 즉, 법의 존재형식 내지 인식근거가 되게 함과 아울러 국민에게 입법의 내용을 인식시켜 그 준수를 기대할 수 있는 여건을 충족시키는 역할을 한다. 특히 법률의 공포는 민주국가에서 필수 불가결한 국민의 알권리를 충족시켜주는 역할을 한다. 공포를 하지 않을 경우 법률의 내용이 비밀에 부쳐질 수 있다는 점을 감안할 때 법률안의 공포는 국가의 민주성을 가늠하는 중요한 척도가 된다.

법률의 공포권은 재의요구권과 결합하여 입법에 대한 행정부의 참여 내지 견제의 의미를 갖게 한다. 법률공포가 위와 같은 의미를 갖기 때문에 헌법에서부터 공포에 관한 규정을 두고 있으며, 구체적인 절치는 법령 등 공포에 관한 법률 등에서 제도화되어 있다.

그리고 법률안은 공포와 동시에 효력을 발생하게 하는 경우도 있지만 국민에게 그 시행에 따른 준비를 갖출 시간적 여유를 확보하기 위하여 일정한 유예기간경과 후에 효력을 발생하게 하는 경우가 일반적이다.[52]

2. 법적 근거

법률안의 공포는 헌법과 국회법 및 법령 등 공포에 관한법률에서 정한 절차에 의하게 된다.

헌법 제53조에서는 ① 국회에서 의결된 법률안은 이송된 후 15일 이내에 대통령이 공포한다는 점과, ② 법률안은 공포되기 전에 법률로서

52) 김은철, 앞의 논문, 111-112면.

확정되는 경우가 있다는 점, 즉 대통령이 재의요구를 한 경우에는 국회의 재의결 자체로서, 재의요구도 하지 않는 상태에서 공포를 미루고 있는 경우에는 이송 후 15일이 경과함으로써 확정된다는 점, ③ 법률이 확정되었음에도 확정일(재의결로 확정된 경우에는 정부 재이송일)부터 5일 이내에 대통령이 공포하지 않으면 국회의장이 이를 공포한다는 점을 규정하고 있다. 그 밖에 헌법 제53조에서는 재의요구절차와 재의결에 관한 사항, 공포 후 20일이 경과한 날부터 효력을 발생한다는 점 등을 규정하고 있으나, 이는 공포와 직접 관련된 사항은 아니다.

국회법 제98조 제2항에서 "헌법 제53조 제6항의 규정에 의하여 대통령이 공포를 하지 아니한 때에는 그 공포기일이 경과한 날부터 5일 이내에 의장이 이를 공포한다. 이 경우에는 대통령에게 통지하여야 한다." 라고 규정하여 국회의장에 의한 법률공포에 관하여 규정하고 있다. 국회법의 위 조문은 법률이 확정될 경우에는 대통령이 반드시 공포하게 강제하는 장치의 의미가 있다.

그리고 법률안 공포의 세부적인 절차는 법령 등 공포에 관한법률에 규정된 바에 따르게 된다.

3. 공포 절차

(1) 법률안의 정부이송

국회에서 의결된 법률안은 의장이 이를 정부에 이송한다(국회법 제98조 제1항). 의안의 정리 작업을 마친 법률안은 국회사무처에서 법제처에 접수시킴으로써 정부이송작업을 마무리하게 한다.

정부에 이송된 법률안은 15일 이내에 대통령이 공포해야 되는데, 먼저 정부에서는 법제처에서 이송법률안을 접수한다. 국무회의에 상정하기 전 법제처에서는 이송 받은 법률안에 대하여 각 담당법제관실을 통하여 국회에서 수정의결된 내용이나 의원입법으로 의결된 법률안을 중심으로 법리적으로 문제가 있는지 여부등 뒤에서 언급할 재의요구할 사유가 있는지를 검토하게 된다. 아울러 법제처에서는 법률안을 각 소관부처에 보내 집행시 예상되는 문제가 있는지 여부 등을 포함한 재의요구사유가 있는지에 관한 의견을 조회하게 된다.[53)]

(2) 국무회의 심의

이러한 절차를 거친 후 국무회의에 상정하게 되는데 국무회의 상정시 상정안건의 제안자는 국무총리로 하되, 모든 법률안의 소관부처는 법제처가 되며 따라서 국무회의에서의 제안설명은 법제처장이 맡게 된다.

헌법 제89조 제3호에서는 법률안을 국무회의 필요적 심의사항으로 규정하고 있기 때문에 국회에서 의결되어 이송된 법률안 즉, 법률공포안도 국회제출 전 단계에서의 법률안과 마찬가지로 당연히 국무회의의 심의사항이라고 할 수 있다. 정부제출법률안이 원안 그대로 국회의결을 거쳐 이송된 경우 예외적인 경우도 있지만 헌법에서 정하고 있는 절차이므로 생략할 수 없다. 그리고 국무회의에서 법률공포안 심의는 의원발의법률안이나 국회에서 수정의결된 정부제출법률안을 중심으로 이루어지게 된다.[54)]

53) 김은철, 앞의 논문, 113면.
54) 김은철, 앞의 논문, 113-114면.

제3장 주요국가의 입법제도

제1절 미 국

Ⅰ. 서 언

미국은 몽테스키외의 권력분립제도가 가장 잘 채택된 나라이다. 입법·행정·사법의 삼권을 의회·대통령·법원에 각각 부여하여 서로 간섭할 수 없도록 하고 있다. 입법권은 의회만이 가질 수 있으며, 행정부에 대하여는 원칙적으로 의회의 입법과정에 간섭할 수 없도록 하기 위하여 법률안제출권을 인정하지 않는다.

미국 연방헌법 제1조 제1항에서는 "헌법에 의해서 부여되는 입법권은 상원과 하원으로 구성되어 있는 미연방의회에 부여된다"라고 규정하고 있다. 미국 연방의회의 상원, 하원 2원제는 이론의 산물이라기보다는 정치적 타협의 결과이다. 연방헌법 제정 과정에서 큰 주와 작은 주의 이해관계를 모두 반영하기 위해서 논의하는 과정에서 탄생한 것이다.[1] 이에 따라 미국에서의 법안은 상원과 하원 양원에서 이중으로 심의하게 된다. 상원과 하원은 입법에 관해서 대등한 권한을 가지는 것으로 보는 것이

---

1) 박남규, The Great Rehearsal, 홍익출판사, 2010, 160-167면.

일반적 견해이다.[2)]

국가기관 상호간의 견제와 균형을 위하여 행정부의 수반인 대통령에게 의회의 입법과정에 대한 일정한 관여를 허용하고 있다. 미국에서는 상·하 양원의 의사합치만으로는 법률안이 확정되지 않고, 대통령의 승인행위를 거쳐야만 비로소 법률안으로 확정된다. 대통령의 이러한 승인행위는 형식적인 것이 아니라 의회의 의사에 대하여 반대의 의사를 표명하는 실질적인 힘을 가진 거부권(veto)으로서 나타난다.

미국의 입법과정은 위원회중심주의를 채택하고 있다는 점이 특징이다. 미국의 위원회제도는 입법과정의 핵심적 부분인데, 입법에 있어서 가장 중요한 과정이 위원회심의단계라는 의미에서 미국의 정치를 "위원회 정치(Committee Government)"라고도 한다. 미국 의회의 위원회는 각자의 영역에서 전문적 지식과 경험을 가지고 고도의 입법능력을 개발하여 행정부에 대항하며, 각종 조사기능을 발휘하여 입법 자료를 확보하는 동시에 행정에 대한 유효한 통제기능을 행사하고 있다. 그리고 미국 의회에서는 입법조사 등을 보좌하는 기구가 잘 정비되어 있으며, 이들 입법보좌기구는 의회의 입법 활동에 많은 영향력을 미친다.

---

2) 박균성 외 4인, "입법과정의 선진화와 효율성 제고에 관한 연구", 법제처, 2008, 79면.

II. 입법과정

1. 법률안의 제출과 위원회 회부

(1) 의원입법의 발의절차

미국에서 의안의 발안은 미국의 국민이면 누구나 할 수 있다. 실제로는 변호사회, 노동자조합, 기업단체, 직능단체와 같이 각종법인이 발안에서 청원권을 행사하여 의원에게 발의를 요구하는 경우도 많다. 미국에 있어서 법률안의 제출은 원칙적으로 의회의 구성원인 의원만이 할 수 있다. 이것은 미국 연방헌법에서 권력분립의 원리에 입각하여 행정부에 법률안제출권을 인정하지 않기 때문이다. 따라서 모든 법률안은 의원제출 법률안이 되며, 모든 법안의 입법과정은 의원입법과정이라고 할 수 있다.

그러나 대통령은 매년 일반교서(State of the Union Message)를 의회에 제출하여 입법계획을 권고하거나 대통령이나 각부 장관 등은 서한이나 법률안의 초안을 말하는 행정서한(Executive Communication)을 의회에 보냄으로써 입법안을 제시한다. 이렇게 제시된 입법안은 소관위원회에 회부된다. 이러한 의미에서 실질적으로는 정부제안의 법률안이 의회에 상당수 제출된다.

(2) 법률안의 제출

법률안의 제출은 하원에서는 의장에게 제출한다. 실제로는 하원회의장 안에 마련되어 있는 법률안 접수함(the hopper)에 당해 법률안을 투입함으로 발의된 것으로 본다. 법률안을 제출할 때에는 소속당의 지시나 소속 위원회 위원장의 허락을 받지 않으며 스스로 판단하여 필요하다고 인정되는 때에는 언제나 법률안을 제출할 수 있다. 법률안을 발의하는 의원을 그 법률안의 '주요협조자(the primary sponsor)'라고 하며 그 법률안에 찬성하는 의원을 '공동협조자(co-sponsor)'라고 한다. 공공법안(public bill)은 25인의 의원에 의해서 발의되어야 한다.

상원의 경우 법률안의 발의는 보통 의장석 옆의 사무처 직원(clerks)에게 제출함으로써 이루어진다. 상원에서 법률안을 제출할 때에 의원들은 법률안에 대한 연설(statement)을 행한다. 따라서 법안의 발의를 위하여 특별한 시간이 설정되어 있게 된다. 법률안의 발의에 대한 이의가 제기되지 않으면 제명(題名)이 낭독된 다음 소관위원회로 회부된다.[3)]

의원이 제출하는 법률안의 숫자에는 제한이 없으며 순수한 의원입법의 경우에는 제안자의 이름을 붙이는 것이 일반적이다. 각종 압력단체가 법률안을 입안하여 의원에게 발의를 요청하는 경우 의원은 그러한 법률안에 "요청에 의해서(by request)"라는 문구를 첨부하여 그 점을 명확히 하여 제출할 수 있다.

제출된 법률안은 의장이 의사관(Parliamentarian)의 도움을 받아 소관위원회에 회부하며, 그 회부에 있어서는 위원회의 관할권에 관한 상세한 규칙에 구속된다. 위원회의 관할영역과 관련하여 중복이 존재하는 경우에는 의장이 복수의 상임위원회에 법률안을 회부할 수 있다. 또한 상원에서는 관할권을 둘러싼 갈등을 해결하기 위하여 본회의에서 다수결투표로 소관위원회를 결정하거나 복수의 위원회에 법률안을 회부하는 결정을 내릴 수 있다.

법률안은 상·하 양원 어느 쪽에서 먼저 심의하여도 관계가 없으며 보

---

3) 박균성 외 4인, 앞의 논문, 82-83면.

통 동일한 또는 유사한 법률안이 양원에 제출되어 병행해서 심의된다. 한편 미국 연방헌법(제1조 제7항)은 세입의 징수에 관한 모든 법률안은 하원에서 먼저 심의되어야 한다고 규정하고 있다. 그리고 전통적으로 세출법안(appropriation bills)도 하원에서 먼저 심의된다.

2. 위원회 심의

법률안이 제출되면 직접 본회의에 상정되거나 복수의 위원회에 회부되는 일부 예외적인 경우를 제외하고는 자동적으로 그 법률안의 주제와 관련되는 위원회에 회부된다. 위원회는 소입법부라고 할 수 있을 정도로 그 기능의 기본이 의회에 있다. 현재 하원에는 22개이 상인위원회가, 상원에는 15개의 상임위원회가 있다.[4] 이때 위원회의 관할에 관해서는 상당히 자세한 규칙과 선례가 있어서 법률안의 회부에 있어서 재량의 여지는 거의 없다.

법률안이 일단 위원회에 회부되면 위원회의 의사일정표에 올려 지게 되는데, 대부분의 법률안은 위원회의 의사일정에 상정되지 못함으로써 더 이상의 진전을 보지 못하고 사장되게 된다.

법률안을 회부 받은 위원회의 위원장은 자신의 뜻이나 제안자의 요구에 따라 그 법안을 소위원회에 회부할 수 있다. 그리고 위원회는 법률안을 의회감사원(General Accounting Office)를 비롯한 행정부의 관계기관에 대하여 의견조회를 한다. 제의된 법률안의 법률로서의 필요성, 요망성에 관해 견해를 얻기 위한 정식보고서를 제출하라는 요청이다. 법률안이 본회의에 부의되기 위해서는 공청회(public hearing)와 위원회 수

4) http://ko.wikipedia.org (검색일, 2014. 11. 24).

정(Mark-up session)단계를 통과하여야 한다.[5)]

(1) 공청회

법률안이 한 위원회에 회부되면 우선 먼저 위원회 전체회의에서 심의할 수도 있으나, 일반적으로 각 위원회는 상설 소위원회가 구성되어 있어 위원회에서 별도의 결정이 없으면 해당 소위원회에 회부하여 제출된 안건을 상세하게 심의하게 한다. 이때 위원회는 법안이 매우 중요하다고 판단될 경우 공청회 개최하여 경험자·이해관계인·전문가 등을 증인으로 소환하여 해당법률안에 대한 의견의 진술을 들을 수 있다. 위원회 의결로 증인을 채택할 수 있음은 물론이고, 소수당의원들도 공청회 기간 중 적어도 하루 동안 자신들의 증인을 소환할 수 있는 권리가 있다. 공청회는 특별한 경우를 제외하고는 원칙적으로 공개한다. 따라서 공청회에서의 발언은 증언록으로 작성하여 공개된다.

공청회는 의회의 입법이나 조사활동과정에서 이해관계 있는 자를 직접 참여시킴으로써 광범위한 정보를 수집하고 일반국민의 정확한 여론을 반영시킴과 동시에 국민들의 알권리를 충족시켜 줌으로써 입법과정에 대한 이해와 관심을 증진시키는 기능을 수행한다. 특히 미국과 같은 대통령중심제 국가에서는 공청회제도를 통하여 의회활동에 행정부가 참여할 수 있다.

---

5) Charles W. Johnson, How Our Laws Are Made, U. S. Government Printing Office, 2006, p. 13.

(2) 소위원회 수정

공청회가 종료되면 법률안을 면밀히 검토·심의하는 소위원회의 수정 단계, 즉 법안확정(Mark up) 단계에 들어간다. 소위원회 위원장은 법률안의 각 부분에 관하여 의원 간의 합의를 도출하기 위하여 쟁점에 대한 타협을 도모하며 아울러 법률안의 심의기간까지 조정한다.

소위원회는 법률안을 원안대로 아니면 수정의견이나 거부의견을 붙이거나 또는 아무런 의견 없이 위원회에 보고한다. 또한 소위원회는 법률안을 위원회에 상정하거나 그 상정을 무기 연기할 것인지에 대하여도 의견을 제시할 수 있다.

위원회에서 법률안을 대폭 수정할 때에는 대안(amendment in the nature of substitute)을 원안과 함께 제출하나, 어떤 경우에는 법률안을 대폭 수정한 결과 그에 새로운 번호를 붙여 "clean bill"이라는 이름의 새로운 법률안으로 보고하는 경우도 있다.

위원회의 수정 단계에서 법률안의 수정이 완료되면 위원회는 본회의에 송부할 법률안에 대하여 표결을 하는데, 표결은 일반적으로 위원회소속의원의 과반수의 찬성이 있어야 한다. 투표과정에서 모든 의원은 하나의 투표권을 가지며 대리투표는 인정되지 않는다.

위원회의 수정안은 원안에 대한 수정동의에 불과하다. 따라서 본회의에서 다시 의결되어야 하므로 위원회의 심사는 최종결정권을 의미하는 것은 아니다. 그러나 본회의는 위원회의 결정을 그대로 받아들이는 것이 일반적 경향이므로 위원회의 심의과정은 입법과정에서 가장 중요하다.

3. 위원회 보고

위원회에서 심의·결정된 법률안은 보고서를 첨부하여 본회의에 송부된다. 보고서에는 입법목적과 범위 기존법률과 정책에 미치는 영향, 행정부의 의견과 위원회의 반대의견들의 견해가 포함된다. 이 보고서는 즉시 인쇄되어 모든 의원에게 배포되는데 의원들에게 법률안에 대한 찬성 반대를 위한 정보를 제공하는 역할을 한다.

4. 본회의 심의

본회의의 심의과정에 있어서 상원과 하원은 각각 독자적인 토론 규칙이 존재한다. 하원은 다수의 의원으로 구성되기 때문에 의사규칙은 다소 엄하고 다수파에 유리한데 반하여, 상원은 소수의 의원으로 구성되기 때문에 의사규칙은 다소 유연하며 소수에게도 토론 및 의견 제시의 기회를 넓게 제공하고 있다.

(1) 하원에서의 심의

위원회에서 보고한 법률안들은 규칙위원회가 그 내용의 중요성이나 공공성 및 예산의 수반여부, 논쟁의 여지 등을 고려하여 다음과 같은 다섯 가지로 분류하여 각각 그 의사일정을 마련하게 된다.

우선 연방정책에 관하여 조세 등의 부과나 예산지출을 수반하는 공공법률안(Public bills)은 Union Calendar[6]에, 예산이 수반되지 않는 공

6) 정확한 이름은 A Calendar of the Committee of the Whole House on the

공법률안은 House Calendar에 각각 수록되는데, 이 두 의사일정에 수록되는 법률안들은 논쟁이 예상되는 주요 공공법안들이다. 비쟁점법안은 의원의 요청에 따라 Union Calendar 또는 House Calendar에서 Consent Calendar에 옮겨진다. 그리고 House 또는 Union Calendar에 올라 있는 법률안 중에서 연방규칙이나 법원판결의 잘못된 점을 신속히 바로 잡기 위하여 초당적(超黨的)으로 제출된 법률안으로 논쟁의 여지가 없는 법률안은 따로 Corrections Calendar에 올려 진다.

연방정부에 대한 배상청구와 관련된 구제 법률안 등의 사적(私的)법률안들은 Private Calendar[7)]에 각각 수록된다. 소관위원회에서 심사가 안 되고 있는 법률안을 본회의에서 바로 처리하기 위해서는 전체의원 과반수의 찬성으로 그 법안을 Calendar of Motions to Discharge Committees에 수록한다.

의사일정이 마련된 법률안중 Union Calendar(대부분의 public bills는 Union Calendar에 등재된다)에 올려 져 있는 법률안을 하원 본회의에서 신속히 심의하기 위하여 하원 전체를 전원위원회(全院委員會, Committee of the Whole)로 변경시켜 토론한다. 전원위원회로 변경하기 위한 결의안이 가결되면 하원의장은 전원위원회의 위원장을 지명한 후 의장석을 떠나고 본회의는 그 자리에서 곧 전원위원회로 바뀐다.

Consent Calendar에 수록된 법안은 위원회에서 쟁점이 없는 법안이었으므로 매월 첫째 주, 셋째 주 월요일에 본회의에서 제목만 읽고, 반대하는 의원이 없으면 바로 통과시킨다. 의원 중 한명이라고 반대가 있으면, 다음 회에 읽고, 그때 반대가 없으면 가결되고 3명이상의 의원이

---

state of the Union이다.

7) private bill을 전담해서 검토하는 의원이 다수당과 소수당에서 각각 3명씩 지명되어 있는데(합계 6명), 이들 중 2명 이상이 반대하면 private bill은 소관위원회로 재회부된다.

반대하는 경우에는 Consent Calendar에서 아주 제외시켜버린다. 각 정당은 소속의원의 일부에게 Consent Calendar의 법안을 심사하게 하고, 필요한 경우에는 본회의에서 반대하도록 하고 있다.[8)]

(2) 상원에서의 심의

상원에서의 심의는 상원의원이 발의하거나 하원에서 통과된 법안을 심의한다. 상원에서의 심의과정은 하원에서의 심의과정과 다르다. 본회의의 의사일정도 하원의 경우처럼 복잡하게 분류되지 않고,[9)] 당 지도부나 위원장들 또는 의원들 간에도 권한이 비교적 평등하게 배분되어 있다.

상원에서도 법률안 심의는 일차적으로 소관 상임위원회에서 이루어지며 그 다음 본회의에서 심의가 있게 된다. 일반적으로 상원에서의 법률안 심의는 만장일치에 의한 요구로 시작된다. 이러한 점은 하원에서의 절차와 크게 다르다. 그리고 상원은 하원과는 달리 별도로 본회의를 전원위원회로 변경하지는 않는다. 찬반토론은 생략되며 바로 수정절차에 들어가게 되고, 수정절차가 완료되면 만장일치에 의해 결정되지 않는 한 최종표결을 한다.

(3) 양원협의회(Conference Committee)

하원에서 상정한 법률안에 대해서 상원에서 수정해서 동의하는 경우, 상원에서 확정된 법률안은 다시 하원에 회부된다. 이때 상원에서 수정한 내용이 경미할 경우 하원에서 이를 받아 본회의에서 재가결하지만, 중요

---

8) 박균성 외 4인, 앞의 논문, 88면.

9) 상원의 의사일정은 Calendar of Business와 Executive Calendar로 분류되는데 모든 법률안은 Calendar of Business에 올려 진다.

한 문제가 있을 경우 상원에 대하여 양원합동위원회의 개최를 요구하게 된다. 양원합동위원회에서는 양원에서 온 의원들이 서로 협의하게 되는데 협의를 마친 후 그 협의결과를 보고서에 채택할 것인지의 여부는 표결로써 결정한다. 양원합동위원회에서 성안된 보고서는 상·하 양원의 본회의에 부의되고 의결과정을 거치게 된다. 이 단계에서는 이의가 있어도 수정할 수 없으며 오직 전체로서 가부(可否)를 결정할 뿐이다.

5. 법률안 이송과 공포

상·하 양원을 통과한 법률안은 대통령에게 이송된다. 이송된 법률안에 대하여 대통령사무국 산하 관리예산처(Office of Management and Budget)는 각 관계기관에게 그 기관의 견해와 대통령이 취해야 할 조치에 대한 건의를 제출받는다. 이렇게 관계기관들로부터 의견들이 접수되면 OMB는 법률안에 대한 종합검토보고서를 작성하여 대통령에게 제출한다. 대통령의 의사결정에 참고가 된다.

대통령이 법률안에 서명을 함으로써 법률안은 법률로서 확정되며 확정된 법률안의 원본은 대통령으로부터 연방정부의 문서관리소장(Archivist)에게 보내져 발간하게 된다.

6. 대통령의 법률안거부권

미국 연방헌법 제7조 제2항은 "상원과 하원을 통과한 모든 법률안은 법률로서 성립하기 전에 대통령에게 이송되어야 하며, 대통령이 승인하는 경우에는 이에 서명하고, 승인하지 아니하는 경우에는 이의서를 첨부하여 발의한 의원(議院)에 환부(還付)하여야 한다. … 법률안이 대통령에게 이송된 후 10일 이내(일요일은 제외함)에 대통령이 환부하지 아니하는 때에는 그 법률안은 대통령이 서명한 경우와 같이 법률로서 성립된다. 다만, 의회의 휴회로 인하여 환부할 수 없는 경우에는 법률로서 성립하지 아니한다."라고 규정하여 대통령의 법률안거부권을 인정하고 있다.

대통령에게 법률안거부권이 인정되는 일반적인 이유는 첫째, 대통령이 법률제정에 관여할 수 없는 엄격한 삼권분립의 원칙 하에서 법률안의 제출과 의결권을 독점하고 있는 의회가 헌법에 위반되거나 실행불가능하거나 부당한 입법을 자행할 경우 대통령으로 하여금 이를 견제하게 할 필요가 있고, 둘째, 의회가 입법권을 남용하여 행정부의 권한을 침해하거나 간섭할 경우 행정부로 하여금 견제 및 대항수단으로서 법률안거부권을 활용하여 견제와 균형을 유지하게 할 필요가 있기 때문이다. 특히 야당이 의회의 다수의석을 차지할 경우 야당에 의한 정치적 공격의 성격을 가지는 법안에 대하여 공세를 견제하여 대통령의 임기동안 행정부를 안정시킬 필요가 있다.[10)]

법률안거부권에는 환부거부(Direct Veto)와 보류거부(Pocket Veto)가 있다. 환부거부는 일반적인 유형으로서 대통령이 법률안을 승인하지 아니하는 경우에 10일 이내에 이의서를 첨부하여 발의한 의원에게 환부하는 것을 말한다. 보류거부는 대통령이 법률안을 이송 받은 후 10일 이내에 서명하지 아니하고 지체하는 중에 의회가 폐회함으로써 법률안을 환부하고자 하여도 환부할 수 없는 경우 예외적으로 인정된다.

---

10) 권영성, 헌법학원론, 법문사, 2010, 883면.

III. 법제기구

1. 관리예산처(Office of Management and Budget)

관리예산처의 역할은 예산편성과 집행이지만 연방정부의 각종 정책의 실행을 평가할 권한과 의무도 가지고 있다. 행정 각부의 조직과 관리절차의 심사, 대통령 입법계획의 조정, 행정명령 및 포고의 작성과 조정, 연방업무통계의 입안과 조정에 관한 계획과 촉진, 모든 연방부서 및 행정청의 업무에 대한 조언을 대통령에게 한다. 모든 기간은 관리예산처의 심사와 조정을 받지 않고 의회에 법률안이나 보고서를 제출할 수 없으며, 계속 중인 법률안에 대하여 증언할 수도 없다.

관리예산처는 대통령 직속이구이다. 내부적으로 '예산 및 입법문제심사실'을 두고 있는데 여기에 설치된 예산심사부와 입법심사부가 의회에 제출하는 법률안·보고서·증언안 등을 심사한다.[11)]

2. 법률자문관실(Office of the General Counsel)과 법제실(Office of the Legislative Affairs)

각 행정부처에 설치된 법제기구로서 법률자문관실이 있다. 여기서는 소속된 부처의 법률관계업무를 자문한다. 그리고 법제실의 법제담당관은 소속 부처의 입법계획의 추진에 관하여 장관에게 조언하고 의회에 파견된 연락관의 감독 등의 업무를 담당한다.

---

11) 임종훈 외 3인, 앞의 책, 38-39면.

그 외 행정부에서 입법을 지원하는 업무를 담당하는 기구로 의회연락관실(The Congressional Liasion Office)이 있다. 연락관의 임무는 위원회, 이익단체 기타 여러 부처들로부터 제출된 보고서 및 법률안을 심사하며, 입법과 관련된 상원 및 하원의 조치에 대하여 장관에게 조언하는 등 법률안의 통과를 지원하기 위한 정보 및 전략을 제공한다.

3. 의회법제실(Office of Legislative Counsel)

의회법제실은 상원과 하원에 각각 조직되어 운영되는데 그 기본적인 기능은 각 원의 위원회 및 의원의 의뢰에 의하여 법률안 및 수정안의 기초나 위원회 보고서의 작성 시 전문적인 조언을 한다.

의원이 법률안을 작성할 때 그 초안을 작성, 제공하고 기타 법률문제에 대한 자문을 행하며, 상임위원회에 회부된 법률안의 입법과정에 구체적으로 참여하고 있다. 그리고 본회의와 양원협의회에 참석하여 법제업무를 지원한다.

4. 의회도서관 입법조사국(Congressional Research Service)

의회의 법제업무 지원 기구로서 의회도서관 소속 입법조사국이 있다. 입법조사국은 고도로 전문성을 지닌 입법보좌기구로서 연방의회의 입법기능 및 국정감독기능 등을 종합적으로 조사하고 전문적인 관점에서 분석하여 의원들에게 정보를 제공하는 업무를 수행하다.

입법조사국은 의원이나 각 부서로부터의 조사, 분석 기타 정보제공 의뢰에 응함과 동시에 수시로 중요현안 정책문제를 학술적이고 종합적인 방법으로 분석하고 그 결과를 담은 정기 간행물을 발행한다.[12)]

이 외에도 의회에는 의원을 입법활동을 보좌하는 기구로 위원회 Staff가 있다. 여기에서는 법률안을 기초, 조사의 실시, 정보의 제공, 관계기관고의 접촉, 로비스트와의 면담 등의 활동을 통하여 정책의 결정 또는 행정부에 대한 감독에 적극적으로 관여한다. 이러한 Staff들은 상근과 비상근 등으로 다수가 활동한다. 특히 위원회는 사실상 입법여부가 결정되는 곳이므로 이러한 Staff의 역할과 영향은 입법과정에서 매우 중요하다.[13)]

제2절 영 국

Ⅰ. 서 언

영국이 입헌주의를 모범적으로 구현한 역사적 사실은 자유주의를 지향하는 많은 국가들의 본보기가 되었다. 영국은 형식상 군주제(君主制) 국가이므로 국왕은 행정부의 수반이고 입법부의 불가분의 구성부분이며, 사법부의 총수인 동시에 군의 총사령관이다. 하지만 국왕은 군림하되 통치하지 아니하고, 수상을 비롯한 각료들의 조언에 따라서 행동하는 것이 관습적으로 정착되어 있다.

---

12) 임종훈 외 3인, 앞의 책, 41면.

13) 比較立法過程硏究會編, 議會における立法過程の比較法的硏究, 勁草書房, 1980, 87-88頁.

영국에서 헌정의 중심은 의회이다. 영국의 의회는 양원제로서 귀족인 상원(House of Lords)과 평민원인 하원(House of Commons)으로 구성되어 있다. 하지만 양원(兩院)의 의사가 합치하지 아니할 때에는 하원의 의사가 우선하도록 입법상의 하원우위원칙이 확립되어 있는 것이 특징이다.[14)]

행정부인 내각은 수상과 그가 선임하는 각료들로 구성되는데, 수상(Prime Minister)에는 하원의 다수당의 당수(黨首)가 임명되고 각료들 대부분이 하원의원들이라는 점에서, 행정부인 내각과 의회는 매우 밀접한 관계를 가지고 있게 되는 바 이를 대통령제의 "권력분립"에 갈음하여 "권력융화"로 표현할 수 있겠다. 영에서 사법부만은 비교적 엄격하게 분리되어 있다. 구체적으로 영국에서의 입법과정과 특징을 살펴보도록 한다.[15)]

II. 입법과정

1. 법률안의 종류

영국의 경우 법률안은 정부를 구성하는 의원(각료)와 일반의원에 의해서 의회에 제출된다. 정부의 구성원이 제출한 법률안은 정부제출법률안이 되고, 일반의원이 제출하는 것은 의원발의법률안으로 불린다. 그러나 의원발의법률안은 입법의 완성도 미흡, 법안기초의 어려움 및 동료의원들의 무관심 등의 이유로 최종적으로 법률로 성립되는 예가 드물다. 정

14) 比較立法過程研究會編, 前揭書, 37頁.
15) 박영도, "입법과정의 이론과 실제", 한국법제연구원, 1994, 122-133면.

부제출법률안에 비해서 가결률이 매우 낮다. 입법과정에서 행정부인 내각이 우위를 점하고 있다.[16]

영국 입법과정의 특징 중의 하나는 법률안의 성질에 따라 구분되어진다. 공공법률안(Public Bill)과 사적법률안(Private Bill)이 그것이다. 그리고 성질에 따라 심의절차가 달라진다는데 있다. 아래에서 법률안의 종류를 구분해서 살펴보도록 하겠다.

(1) 공공법률안(Public Bill)

공공법률안은 국가의 일반적인 정책에 관한 법률안으로서 주로 사회전체에 영향을 미치는 일반법을 제·개정하고자 하는 것을 말한다. 즉, 범죄, 건강보건, 도로안전, 산업의 국유화 등과 같은 공공정책과 관련있는 법률안을 말하며, 그 적용대상 및 지역이 전국적인 것을 의미한다. 또한 공적 법률안을 말하며, 그 적용대상 및 지역이 전국적인 것을 의미한다. 또한 공공법률안 가운데 재정상의 수입·지출의 개정을 수반한 법률안을 금전법률안(Money Bills)이라고 하며, 이는 정부만이 제출할 수 있다.

이러한 공공법률안들은 그 제안자에 따라 다시 다음의 두 가지 형태로 구분된다. 먼저 정부제출법률안이다. 행정부로부터 제출되는 법률안을 말하는데 이러한 법률안은 장관책임제도의 원칙에 따라 장관이 그 법률안이 법률로서 성립될 때까지 책임을 진다. 이에 따라 정부제출법률안의 작성은 정부와 여당이 장기간에 걸쳐 연구한 것을 기초로 하여 작성되고 있으며 그것은 담당장관이 중심이 되어 여러 관계기관들의 도움을 얻어 작성된다.

---

16) 比較立法過程硏究會編, 前揭書, 39頁.

다음은 의원발의법률안이다. 이것은 각료가 아닌 상·하원의 일반의원이 제안하는 법률안을 말한다. 일반의원은 의사규칙에 의해 자유로이 법률안을 제출할 수 있다. 이러한 의원발의법률안은 소속정당의 정책이라기보다는 의원 개인의 신념이나 철학에 따라 이루어지는 경우가 많다. 경우에 따라서는 실질은 정부가 제출하는 것이지만 형식상 의원발의법률안으로 제출하는 경우도 있다.

(2) 사적법률안(Private Bill)

사적법률안은 개인, 공공기업체, 지방공공단체, 상법상의 회사 등에 특정한 권한 또는 이익을 대상으로 하는 법률안을 말한다. 이러한 사적법률안은 의원에 의해서 제출되는 것이 아니라 Private Act의 제정을 희망하는 당사자에 의하여 사적 법률안의 제출허가를 요구하는 청원을 첨부하여 제출된다. 사적 법률안은 공적법률안과 다른 특별한 심의절차를 거쳐 제정된다.[17)]

(3) 혼성 법률안(Hybrid Bill)

혼성(混成) 법률안은 그 단어가 의미하는 바와 같이 공공법률안과 사적법률안의 성격을 모두 포함하고 있는 법률안을 말한다. 비록 그 법률안이 정부에 의하여 또는 일반 의원(議員)에 의하여 공공법률안으로 제출되었다 하더라도 특정한 면에서 개인이나 특정단체의 권리에 영향을 미치는 법률안을 말한다. 이와 같은 혼성법률안은 주로 정부에 의하여 제출되지만 명확하게 어디에 속한다고 구분하기는 현실적으로 어렵다.

---

17) 임종훈 외 3인, 앞의 책, 44면.

혼성 법률안은 그 성질상의 특징으로 인해서 주로 특별위원회(Select Committee) 등에서 특별한 절차에 따라 심의되고 다루어진다.

2. 법률안의 제출

영국에서 법률안은 의원만이 제출할 수 있다. 원(院)의 규칙에 따라 하원의원이나 상원의원이 제안할 수 있다. 따라서 행정부는 직접 법률로서 규정되어 있는 국가기관이 아니므로 법률안을 제안할 수 없다. 영국에서 법률안의 제출은 모두 의원입법의 형식을 하지만, 정부의 구성원으로서의 직책을 맡고 있는 의원이 제출하는 법률안은 정부제출법률안(Government Bill)으로 본다. 의원발의법률안(Private Members' Bill)은 정부의 구성원으로서의 직책을 맡지 않은 일반의원이 제출한 법률안이다.

정부제출법률안의 경우는 의회에 제출하기 전에 행정부 내에서 계획적이고 세밀한 작업을 통해서 작성·발안된다. 새로운 회기(보통 10월말이나 11월초)가 시작된 후 6주 정도가 지나면 내각 사무처(Cabinet Office)는 각 부처에 다음 회기(다음 연도 10월말에 시작하는 회기를 말한다)에 제출할 법률안의 목록과 해당 법률안의 제안 취지, 필요성, 중요성 등에 대한 평가 등을 함께 송부해 줄 것을 요구한다.[18)]

그러면 내각 내의 입법계획위원회(Future Legislation Committee)는 각 부처에서 계획하고 있는 새로운 법률안의 주요 내용 등을 심의·검토한 후 각 부처에 법률안의 입안승인을 한다.

---

18) Michael Zander, *The Law-Making Process*, 4th ed, London, Butterworths, 1994, p.10.

내년도 의회에서 처리할 법률안에 관한 검토는 내각 내의 위원회인 입법위원회(Legislation Committee)에서 담당한다. 입법위원회는 행정부 내에서 기초한 법률안을 검토하고 의회에서의 법률안의 심의일정을 점검한다. 이 과정에서 입법위원회는 의회법제관(Parliamentary Counsel)에게 지침을 시달하기도 한다. 그리고 입법계획의 수정·변경도 입법위원회의 승인을 받아야 한다. 여기서 검토·정리된 법률안은 각의(閣議)에 상정된 후, 의원입법의 형식으로 의회에 제출된다.

이러한 정부제출법률안은 특별한 경우를 제외하고는 의회의 모든 회의에서 다른 의사(議事)에 우선하여 다루어지게 된다.

다음 의원발의법률안은 정당의 간부의 협력, 변호사 등 법률가의 도움을 받아 작성되는 것이 일반적이다.

일반의원이 법률안을 제안하기 위해서는 첫째, 추점에 의해 심의시간을 확보하여 법률안을 제안하는 방법이 있다. 이 방법에 의하면 20명의 의원에게 법률안을 발의할 기회가 주어진다. 둘째, 하원의 승인을 받지 않고 사전에 통고만 함으로써 제안할 수 있는 방법이 있는데, 이 방법에 의할 경우 의원 모두가 합의하는 법률안이 아닌 한 통과될 가능성은 거의 없다고 볼 수 있다. 셋째, 회의에서 다수표를 획득하는 방법이 있다. 이는 회의 시작 전에 10분간(Ten Minute Rule)의 연설기회를 활용하여 법률안을 소개한 다음 반대가 있을 경우 표결에서 이기면 정식으로 소개하는 방법이다. 이 방법에 의할 경우에도 법률안이 의회를 통과할 가능성은 희박하다. 따라서 의원발의입법이 성공하기 위해서는 첫 번째 방법이 가장 효과적이라고 할 수 있다.[19)]

원칙적으로 법률안은 상·하 양원에서 모두 발의될 수 있지만 대부분

---

19) Paul Silk, *How Parliament Works,* London, Longman, 1987, pp. 114-119.

의 법률안은 하원에서 발의되고 있다. 그러나 예산지출이나 세제 등에 대한 법률안은 하원에서만 발의될 수 있다.[20]

3. 법률안의 심의

영국에서의 법률안은 원칙적으로 본회의·제1독회-제2독회-위원회-하원보고·제3독회-귀족원 단계의 절차를 통해서 제정된다. 이하에서는 법률안의 종류별로 법률안의 심의과정과 각 단계별 특징에 대해서 개별적으로 살펴보고자 한다.

(1) 하원에서의 심의과정

1) 공공법률안

정부제출법률안의 경우 다음의 5단계를 거치게 된다.

첫 번째는 '제1독회' 단계이다. 각료나 의원이 법률안을 의회에 제출하는 경우, 법률을 제출한다는 내용을 의장에게 통고함으로써 이루어진다. 제1독회는 형식적인 것으로 하원 사무총장(Clerk)에 의해 법률안의 제명(題名)이 낭송되고 제2독회의 기일을 지정하지 않으면 안된다(의회규칙 제37조). 법률안이 제1독회 후 제2독회 심사를 받기까지 보통 2~3주 정도의 기간이 걸린다. 그 기간에 법률안은 인쇄되어 각 의원에게 배부된다.[21]

두 번째는 '제2독회' 단계이다. 제1독회를 통과한 법률안의 취지 및

20) 임종훈 외 3인, 앞의 책, 45-46면.
21) 比較立法過程硏究會編, 前揭書, 41頁.

일반적인 내용의 설명과 이에 대한 정당간의 논쟁이 시작된다. 또한 법률안의 제출배경과 법률안의 목적을 달성하기 위한 다른 방법에 대한 논의가 이루어진다. 그러나 제2독회에서는 법률안의 조항별 구체적 내용에 대해서는 논의가 진행되지 않는다. 제2독회에 반대하는 의원은 제2독회의 개최여부에 대하여 반대투표를 하거나 반대하는 내용의 수정안을 제출할 수 있다.

제2독회는 그 밖에 1964-65년 회기부터 시간을 절약하기 위한 목적으로 제2위원회를 설치되었다. 이 위원회는 설치 초기에 논쟁이 되는 중요한 법률안은 제2독회에서 그렇지 않은 법률안은 제2독회를 거치는 것은 아니라 제2독회위원회(Second Reading Committee)에 회부할 수 있으며 이 위원회의 권고에 의거하여 제2독회의 절차를 실질적으로 생략할 수도 있다.[22)]

세 번째는 "위원회" 단계이다.

제2독회에서 제2독회위원회 심의 후 가결된 법률안은 전원위원회나 상임위원회에 회부된다. 그러나 의원(議院)은 법률안을 전원위원회나 특수상임위원회(예컨대, Scottish Standing Committee) 또는 특별위원회(Select Committee) 등에 회부하는 건의서를 제출할 수 있다. 특히 조세나, 재정, 긴급하거나, 헌법적으로 중요한 법률안은 전원위원회에 회부될 수 있다.

위원회에서는 법률안을 축조심사 한다. 이 경우에도 그 법률안을 부정하거나 원칙이나 중요한 내용을 바꾸는 수정안은 허용되지 않는다. 따라서 이러한 범위 안에서도 법률안을 수정할 수 있다. 이러한 점에서 영국의 입법과정은 본회의중심주의를 특색으로 한다.[23)]

---

22) 比較立法過程研究會編, 前揭書, 42頁.
23) 임종훈 외 3인, 앞의 책, 48면.

네 번째는 평의원 보고 및 제3독회 단계이다.

먼저 평의원 보고 단계이다. 이 단계는 각 위원회에서 심의 후 가결된 법률안에 대해서 평민원에 일괄적으로 보고되어 진다. 이때에 전원위원회에 회부되었으나 수정 없이 통과되어 보고된 법률안은 심의단계를 거치지 않고 바로 제3독회로 넘어간다. 그렇지 않은 법률안은 또 한 차례 수정할 수 있는 기회가 된다. 이 단계는 특히 위원회에 참여하지 않은 의원들에게 수정안 제출기회를 부여한다. 상임위원회에서 보고된 법률안은 본회의에서 날짜를 정하여 심의되며, 특별위원회에서 보고된 법률안은 통상적으로 전원위원회에 재회부 된다.

법률안이 이러한 보고단계를 통과하면 제3독회로 들어간다. 이 단계에서는 여러 차례 수정을 거친 법률안이 최종적인 형태로 심사를 받는다. 이때 법률안은 일정 수 의원의 농의가 있으면 자구수성(verbal amendment) 등에 한에서 수정이 이루어 질 수 있다.[24)]

다섯 번째는 귀족원 심의 단계이다.

이와 같이 하원에서의 절차를 종료하게 되면 해당 법률안은 상원(귀족원)에 송부된다.[25)] 상원에서의 법률안 심의절차는 하원에서와 대동소이하나, 2독회 이후에 법률안은 전원위원회에 회부되는 점 등이 다르다. 하지만 하원 제출법률안에 비해서 그 비율이 아주 적다. 의원발의법률안의 경우를 보면 기본적으로는 앞의 정부제출법률안과 동일한 심의절차를 밟게 된다.

---

24) 比較立法過程硏究會編, 前揭書, 45頁.

25) 만일 법률안이 상원에 먼저 제안되어 심의된 경우에는 상원에서의 절차를 종료한 후 그 법률안은 하원으로 송부되어 진다.

2) 사적법률안

사적법률안의 심의는 의회 내의 사적법률안에 관한 의사규칙에 의하여 진행된다. 우선 사적 법률안의 청원이 제출되면 그 청원이 의사규칙이 정하는 소정의 요건을 구비하였는가의 여부를 심사하게 된다. 이때 청원인 또는 그 대리인은 청원심사관(Examiners of Petitions for Private Bills)[26]에게 요건을 구비하였음을 증명하여야 한다.

사적법률안의 청원이 본회의에 제출되면, 제1독회를 거친 것으로 간주된다. 제2독회에서는 제출된 법률안에 대한 광범위한 토론이 행해지게 된다. 제2독회가 끝나게 되면 해당 법률안은 반대의견이 없는 법률안과 반대의견이 있는 법률안으로 구분된다.

이중 반대의견이 없는 법률안은 바로 이 법률안을 심의하기 위한 소관 위원회에 회부된다. 위원회에서는 그 법률안이 공익에 반하는가의 여부에 대해서만 심사하여 그 결과를 본회의에 보고한다. 이와는 달리 반대의견이 있는 법률안은 특별위원회에 회부되어 민사재판과 같은 준사법적 절차방식으로 심사가 이루어진다.

이렇게 위원회의 심의를 종료한 후 제3독회를 거치게 된다. 제3독회에서 승인되면 해당 법률안은 상원으로 송부된다.

(2) 상원에서의 심의과정

상원은 국민으로부터 직접적 정당성을 부여받는 하원과는 달리 법률안의 심의에서 제약을 받는다. 재정, 세출 관련 법률안은 하원에서 먼저 심의된다. 금전법률안(Money Bills)으로서 하원의장이 지정한 법률안은

26) 청원심사관은 상·하원에 의하여 각각 한명씩 임명된다.

1개월 이내에 하원에 반송(返送)하여야 하며, 연속 2회에 걸쳐서 같은 내용으로 하원을 통과하고 적어도 회기종료 1개월 전에 상원에 송부되어 상원에서 부결된 공공법률안은 상원의 부결에도 불구하고 국왕의 재가(裁可)를 얻어 공포할 수 있다.

그러나 상원에서의 절차도 법률안의 심의 과정에서 의미가 있고 중요한다. 우선 상원에서는 선출상의 특징으로 인해서 하원에서 심사와 비교해서 세밀한 부분에까지 검토를 할 수 있다. 그리고 정치적 쟁점이 없는 기술적인 법률안이 상원에서 상세히 검토된 후 하원으로 송부될 경우 하원은 잘 정리된 법률안을 받게 되므로 심사에 필요한 시간을 절약할 수 있다. 그래서 통합법률안(consolidation bills)과 법적·사법적 문제를 취급하는 법률안은 보통 상원에서 먼저 심의된다.

상원도 하원과 마찬가지로 3독회를 거치면서 법률안을 심의한다. 우선 제1독회는 법률안의 제출과 동시에 이루어지는데 토론 없이 종료하는 것을 원칙으로 한다. 제2독회에서는 법률안에 대한 원칙적이고 개략적인 논의가 있게 되고 제2독회가 끝나면 법률안은 통상적으로 전원위원회에 회부된다.[27] 전원위원회는 법률안 또는 그 수정안에 대한 심사를 하게 되며 위원장은 심사결과를 전원위원회 종료 후 전체회의에 보고한다.

제3독회는 다툼이 없는 법률안일 경우에는 토론 없이 간결하게 이루어지지만, 제3독회 이전단계에서 상당한 논쟁이 있었던 법률안의 경우에는 토론이 행해지기도 한다.[28]

---

27) 이때 논쟁의 여지가 없는 법률안 등에 대해서는 의결에 의하여 위원회 단계를 생략하고 제3독회로 넘어갈 수 있다.
28) 임종훈 외 3인, 앞의 책, 50-51면.

4. 법률안의 공포

위와 같이 하원과 상원을 통과한 법률안은 상원의장(Lord Chancellor)에 의해 국왕에 송부된다. 국왕의 재가는 칙허장(Letters Patent)에 의해 승인된다. 이 사실은 상·하원의 의장에 의하여 각 의원들에게 통지된다. 이러한 법률안 공포 절차는 형식적이다. 1707년을 마지막으로 국왕이 법률안의 재가를 거부한 적이 없으며, 의회를 통과한 법률안에 대한 국왕의 재가는 당연한 것으로 간주된다.

Ⅲ. 법제기구

1. 입법위원회(Legislation Committee)

행정부 소속 법제기구로서 입법위원회가 있다. 회기 내의 입법계획의 수립, 진행 경과를 총괄하고, 작성된 법률안의 검토하는 내각 내의 위원회이다. 상·하 양원의 지도자, 상원의장, 국왕의 법률관계장관, 원내총무 및 일부 각료 등으로 구성된다.

입법위원회는 법률안을 상·하원 중 어디에 제출할 것인지와 제출시기를 조율하거나 결정하기도 한다.

2. 입법계획위원회(Future Legislation Committee)

행정부 소속 법제기구의 하나로서 입법계획위원회가 있다. 다음 회기에 의회에서 처리하여야 할 법률안 목록, 입법취지, 중요성 등을 각 부처로부터 제출 받아 정부 차원의 입법계획을 수립하고 추진한다. 이 법계획위원회는 이렇게 송부 받은 자료를 정밀하게 분석하고 검토한 다음 관계 장관 및 수석법제관과 회의를 거쳐 다음 회기에 의회에 제출할 법안의 목록을 작성한다.

입법계획위원회는 행정부 내의 법제기구이지만, 상·하의 지도자, 원내총무 등이 구성원으로 참여한다는 점에서 입법과정에서 매우 중요한 역할을 하는 기관이라고 볼 수 있다.

3. 법제관실

행정부 소속 법제기구로 법제관실이 있다. 법제관실은 입법계획위원회에서 정한 입법계획예정표에 의해 계획된 모든 법률안들을 기초한다. 정부의 모든 법률안들을 기초하기 때문에 각 부처간의 의견조정 기능을 할 수 있다.

법제관실은 변호사들로 구성되고, 재무부소속이다. 정부제출법률안 및 의원발의법률안 모두 법제관실의 도움을 받아 실질적 작업이 이루어지고 있다. 그 업무 또한 과중하지만 소수의 정예인원으로 효과적으로 업무가 처리되고 있어 의회법제관들은 영국내의 엘리트 관료집단으로 평가되고 있다.[29]

29) Micheal Zander, op. cit., p. 15.

4. 공공법률안 법제실 등

의회 소속 법제기구로 공공법률안 법제실(Public Bills Office)과 사적법률안 법제실(Private Bills Office)이 있다. 각 법제실은 공공법률안 및 사적법률안에 대한 심의경과를 감독하고 진행절차에 다른 보고서를 작성한다.

공공법률안 법제실은 법률안 및 수정안의 인쇄업무를 책임지며 접수된 모든 공식의견을 하원에 전달한다. 사적법률안 법제실은 사적법률안에 대한심의의 모든 단계에서 입법활동을 보좌한다. 사적법률안의 법제실의 장은 사적법률안 청원의 심사관이 된다.

제3절 독 일

Ⅰ. 서 언

현행 독일 헌법은 두 차례 세계대전을 일으킨 책임감과 반성에서 독재화의 가능성을 차단하기 위해서 엄격한 권력분립과 통제장치를 두고 있다. 정통적 권력분립 방식에 새로운 기능적 권력분립을 도입하였다. 대표적인 강력한 권력통제 기구가 연방헌법재판소이다. 그리고 연방국가제도 도입을 통한 중앙정부와 지방정부간 권력분립, 양원제, 지방자치제도와 같은 수직적 권력분립을 강화하였고, 직업공무원제도를 통한 집행부 내부의 기능적 권력분립도 추구하였다.

한편 독일 헌법은 의원내각제적 정부형태를 채택함으로써 의회에 많은 권한을 부여하였다. 의원내각제는 다수당이 입법부와 내각을 동시에 지배하기 때문에 내각과 의회의 융화를 특성으로 한다.

이와 같은 본질적 특성에 따라 발생할 수 있는 부작용을 막기 위해서 입법절차에 복잡한 통제장치제도를 마련하고 있다. 내부적으로는 입법절차가 법률안 제출, 연방의회의 법률안 심의 및 의결, 연방참사원의 이의 또는 동의, 경우에 따라 조정위원회의 조정절차, 서명 및 공포절차의 각 단계별로 참여하는 기관들 상호간에 통제가 이루어지도록 하였다.

입법과정을 보면 연방정부와 연방참사원, 연방의회가 법률안제출권을 가지지만, 연방정부가 법안발의를 주도하고 있다. 집행기관인 행정부는 해당분야의 오랜 경험과 자료 및 관련 정보를 가지고 있기 때문이다. 그러나 입법이 성립하기 위해서는 법안의 심의와 의결 등 연방의회에서 과정이 더 중요하기 때문에 입법과정에서 연방정부와 연방의회 및 연방참사원의 협력이 중요하다.

II. 입법과정

1. 법률안 제출

독일 헌법 제76조 제1항은 "법률안은 연방정부, 연방의회의원들 혹은 연방참사원에 의해 연방의회에 제출된다." 라고 규정하고 있다. 독일에서 법률안 제출권은 연방정부, 연방의회의원들과 연방참사원이 갖는다. 여기서 중요한 것은 법률안 제출자에 따라 입법절차가 달라지기 때문에 제출자에 따른 입법과정의 구체적 내용을 살펴보고자 한다.

(1) 연방정부의 법률안 제출

독일에서 연방정부는 법률안 제출권을 가진다(독일 헌법 제76조 제1항). 현대에서 행정부는 인력·조직과 전문성의 측면에서 의회보다 우위에 있다. 따라서 행정부는 입법절차에 있어서 주도적 역할을 한다. 독일에서도 전체 법률안 제출 건수 중 연방정부가 제출하는 법률안이 높은 비중을 차지하고 있다. 의회에서 가결되어 법률이 성립하는 비율도 의원제출 법률안에 비해 훨씬 높다.[30)]

연방정부의 법률안은 주무부처에서 법률의 초안(Referentenentwurf)을 작성하고 이에 대한 다방면의 검토와 표결[31)]을 거친다. 그리고 법률초안(Kabinettvorlagen)에 대한 내각회의를 거쳐 입안된다. 이렇게 제출되는 연방정부의 법률안(Referentenentwurf)은 연방수상을 통해 연방참사원으로 송부된다(독일 헌법 제76조 제2항 제1문). 연방참사원은 송부된 법률안에 대해 원칙적으로 6주 이내에 입장을 표명할 수 있다(독일 헌법 제76조 제2항 제2문).[32)] 연방참사원은 입장표명은 법률안에 대한 연방참사원의 입장과 연방법률의 집행과 관련한 지방의 경험과 전문성을 반영할 수 있다. 연방과 주의 이해관계의 대립과 갈등을 조정할 수

---

30) Ch. Heyer und S. Liening, *Gesetzgebung*, 2. Aufl., 2006, S. 16; F. Ossenbühl, "Gesetz und Recht", in: Handbuch des Staatsrechts, Bd. Ⅲ, 1988, Rn. 11; H. Schneider, Gesetzgebung. Ein Lehr-und Handbuch, 3. Aufl., 2002, Rn. 93.

31) Ch. Heyer und S. Liening, a. a. O., S. 17ff; F. Ossenbühl, a. a. O., Rn. 13ff.

32) 연방참사원이 중요한 사유에 의해 기한의 연장을 요구할 경우 그 기한은 9주가 된다(독일 헌법 제76조 제2항 제3문).

있다.[33]

연방정부의 주무부처는 연방참사원의 입장에 대한 응답을 할 수 있으며, 연방정부가 연방참사원의 수정의견에 동의할 경우, 이것이 연방참사원의 입장에 대한 응답으로서만 제출된다.[34] 왜냐하면 연방정부의 법률안은 수정될 수 없으며, 만약 연방정부가 연방참사원의 입장을 반영하여 법률안을 수정할 경우에는 법률안 제출 절차는 다시 처음으로 돌아간다.[35]

연방정부의 법률안은 연방수상이 법률안 제출 이유서, 연방참사원의 의견서(Stellungnahme), 연방정부의 응답서를 연방의회 의장에게 송부함으로써 연방의회에 제출된다(독일 헌법 제76조 제1항).

위와 같이 복잡한 제출절차로 인해 실질적으로는 연방정부가 법률안을 제출하는 것이지만 가까운 교섭단체나 연방의회의원들을 통해 제출하는 경우도 많다.[36]

(2) 연방의회 의원의 법률안 제출

독일 연방의회 의원은 법률안 제출권을 갖는다(독일 헌법 제76조 제1항). 하지만 교섭단체 혹은 연방의회 재적의원 5% 이상을 차지하고 있는 소속 정당의 의원만이 법률안을 제출할 수 있다(독일 연방의회 의사규칙 제76조 제1항). 우리나라 국회의 상임위원회와는 달리 독일 연방의회의 위원회는 독자적인 법률안 제출권을 갖지 않는다. 연방의회 의원의

33) Ch. Heyer und S. Liening, a. a. O., S. 18ff.; F. Ossenbűhl, a. a. O., Rn. 19f.; M. Schűrmann, "Die Umgehung des Bundesrates im sog." Ersten Durchgang, "einer Gesetzesvorlage", *AőR* 1990. SS. 45-63(58f.).
34) Ch. Heyer und S. Liening, a. a. O., S. 18f.
35) F. Ossenbűhl, a. a. O., Rn. 20.
36) F. Ossenbűhl, a. a. O., Rn. 23; H. Schneider, a. a. O., Rn. 117.

법률안 제출권에 제한규정을 두는 이유는 법률안 제출의 남발을 막기 위해서이다.

의원의 법률안 제출권은 보통 단수 혹은 다수의 교섭단체에 의해 행사되는 경우가 많다. 법률안의 입안 과정에서 정당의 교섭단체는 자체의 전문 인력뿐만 아니라 연방정부 혹은 주 정부의 주무 부처의 도움을 받는다. 그리고 연방의회 내 입법활동을 보조하는 연구조사처(Wissenschaftlicher Dienst)도 의원들의 입법 활동을 돕는다.[37]

위와 같은 과정을 거치는 의원제출 법률안 보다 연방정부가 입안 및 제출하는 법률안의 비율이 더 높다.

(3) 연방참사원의 법률안 제출

연방참사원은 법률안 제출권을 갖는다(독일 헌법 제76조 제1항). 연방참사원은 헌법기관으로서의 연방참사원 자체에 법률안 제출권이 부여된다. 독일의 개별 주는 연방 법률에 관한 법률안을 제출할 수 있는 권한을 가지지 않는다.[38] 연방참사원의 본회의는 원칙적으로 공개되며(독일 헌법 제52조 제3항 제3문), 전체 표수의 과반수의 표로써 법률안 제출에 관하여 의결한다(독일 헌법 제52조 제3항 1문).

보통의 경우 연방참사원이 법률안 제출권을 행사하는 경우는 많지 않다. 그러나 야당이 연방참사원의 다수가 될 경우 연방참사원의 법률안 제출권은 활성화된다.[39] 연방참사원은 연방 법률로 규율되는 사항에 대해서 법률안 제출권을 갖는다. 연방참사원의 법률안은 연방정부를 거쳐

37) F. Ossenbűhl, a. a. O., Rn. 25.
38) Ch. Heyer und S. Liening, a. a. O., S. 20.
39) Ch. Heyer und S. Liening, a. a. O., S. 20f.

서 원칙적으로 6주 이내에 연방정부의 의견서와 함께 연방의회에 제출된다(독일 헌법 제76조 제3항 제1문, 제2문).

2. 법률안 심의 및 의결

(1) 제1독회와 상임위원회 회부

연방의회의 법률안 심의과정은 3독회를 거친다(독일 연방의회 의사규칙 제78조 제1항). 이 중 제1독회는 보통 법률안의 상임위원회 회부를 위해 열리며, 원칙적으로 토론 없이 진행된다(독일 연방의회 의사규칙 제79조). 법률안은 원칙적으로 하나의 상임위원회에 회부되며, 특별한 경우에만 복수의 상임위원회에 회부될 수 있다. 이 경우에는 소관 상임위원회를 결정하여야 한다(독일 연방의회 의사규칙 제80조 제1항 1문). 그 밖의 상임위원회는 특정한 부분에 관한 심의에 있어서 소관 상임위원회와 협의하여 의견서를 제출하는 방법으로 참여할 수 있다(독일 연방의회 의사규칙 제80조 제1항 2문). 다만, 교섭단체 또는 연방의회 재적의원 5%의 제안과 연방의회 출석 의원 3분의 2의 찬성으로 상임위원회 회부 없이 제2독회를 개시할 수 있다(독일 연방의회 의사규칙 제80조 제2항).

독일 연방헌법재판소는 독일 헌법은 연방의회의 법률안 심의와 관련하여 독회 수에 관한 명문의 규정이 없고, 3독회제도가 관습헌법이라고 볼 수도 없기 때문에 독회수를 몇 회로 할 것인가는 연방의회가 의사규칙으로써 자율적으로 규율할 사항이라고 판결하였다.[40] 즉 입법과정에

---

40) BVerfGE 1, 144(151f).

관한 내부적 심의를 의회의 자율적 결정 사항에 속는 것으로 보고 있다.

(2) 위원회의 심의

연방의회의 소관 상임위원회에 의한 법률안 심의는 제1독회와 제2독회로 넘어가는 과정에서 이루어진다. 상임위원회는 교섭단체의 규모에 비례하여 구성된다.[41] 모든 연방의회 의원은 원칙적으로 하나의 위원회에 배정된다(독일 연방의회 의사규칙 제12조, 제57조 제1항).

독일 연방의회의 위원회 회의의 위원회 위원뿐만 아니라 연방참사원과 연방정부의 구성원도 참석한다(독일 헌법 제43조). 특히 연방정부의 법률안 입안 작업에 참여하였던 연방정부의 공무원 혹은 주 정부의 공무원이 전문가로서 법률안 심의에 참여하여 연방의회의 전문성을 보완할 수 있다.[42]

상임위원회가 독자적 입법권을 갖지 않지만, 법률안을 수정할 수 있는 권한을 가진다. 상임위원회의 의결권고(Beschlussempfehlung)는 본회의에서 대부분 반영된다.[43] 이런 점에서 보면, 법률안 심의는 교섭단체의 절대적 영향을 받는 상임위원회를 중심으로 이루어진다.[44]

따라서 상임위원회 심의과정의 투명성 확보는 법률의 정당성 확보를

---

41) BVerfG, 2 BvE 3/02 vom 8. 12. 2004, Absatz-Nr. 46ff., (http://www.bverfg.de/ entscheidungen/es20041208_2bve000302.html).

42) H. Helmrich, a. a. O., S. 174; J. Jekewitz, in: Rudolf Wassermann (Hrsg.), *Alternativkommentar zum Grundgesetz*, Bd. 2, 1989, "Art. 77", SS. 502-526(511), Rn. 8; H. Scnheider, a. a. O., Rn. 120.

43) J. Jekewitz, a. a. O., Rn. 8; F. Ossenbühl, a. a. O., Rn. 37; H. Scnheider, a. a. O., Rn. 124.

44) H. Scnheider, a. a. O., Rn. 124; W. Zeh, "Parlamentarisches Verfahren", in: *Handbuch des Staatsrechts*, Bd. Ⅱ, 1987, § 43, SS. 425-466(455-456), Rn. 63.

위해 매우 중요하다. 그러나 독일 헌법은 연방의회와 위원회를 구별하여 규정하면서 독일 헌법 제42조 제1항에서 연방의회의 회의의 공개에 대하여서만 규정하고 있다. 독일 연방의회 의사규칙 제69조 제1항은 위원회 회의는 원칙적으로 비공개하도록 규정하고 있다.[45] 다만, 비공개회의에 대해서도 원칙적으로 회의록은 공개하도록 하고 있다(독일 연방의회 의사규칙 제73조 제2항).

위원회 회의의 원칙적 비공개는 연방의회의 활동이 연방정부의 정책과 집행에 많은 영향을 미치기 때문이다. 회의를 비공개로 진행함으로써 언론이나 대중의 간접을 받지 않고 소신에 따라 참여할 수 있어 연방정부와 원활한 협상과 타협을 이끌어 낼 수 있다는 점이 반영 된 것으로 해석된다.[46] 그러나 이에 대해서는 입법절차의 투명성의 요청이 갖는 민주적 의의와 기능에 따라 비판이 있다.[47]

위원회는 법률안을 포함한 안건에 대해 전문가와 이해관계의 대표자, 그 밖의 정보제공인(Auskunftspersonen)으로부터 정보를 얻기 위해 공청회를 개최할 수 있다(독일 연방의회 의사규칙 제70조 제1항 1문). 공청회는 위원회 심의의 전문성제고와 폭넓은 의사수렴의 통로로서의 기능뿐만 아니라, 위원회 심의의 비공개의 문제점을 보완할 수 있다.[48]

---

45) 이 경우 공개는 언론과 방청인이 회의장에 입장하도록 허가하는 것을 의미한다(독일 연방의회 의사규칙 제69조 제1항 2문).

46) H. H. v. Arnim, "Grundfragen der Kontrolle von Gesetzgebung und Verwaltung", D V 1982, SS. 917-925(920f.); H. Schulze-Fielitz, "Gesetzgebung 민 materiales Verfassungsverfahren. Die Befugnisse des Vermittlungsausschusses und die Aufspaltung von Gesetzen", NVwZ 1983, SS. 709-717(711f.); H. H. v. Arnim, "Grundfragen der Kontrolle von Gesetzgebung und Verwaltung", D V 1982, S. 920f.

47) H.-J. Mengel, a. a. O., S. 156.

48) L. Kissler, "§ 36 Das Plenum", in; Hans-Peter Schneider und Wolfgang Zeh (Hrsg.), *Parlamentsrecht und Parlamentspraxis in der Bundesrepublik Deutschland*, 1989, SS. 993-1020(1006), Rn. 41; H. J.

공청회는 연방의회와 위원회 자율에 따라 운영되기 때문에 경우에 따라서 형식적으로 운영되는 경우도 있다.[49]

위원회 심의는 의결권고안과 위원회보고서에 대해 의결하는 것으로서 종결된다(연방의회 의사규칙 제62조 제1항 2문).

(3) 제2독회

제2독회는 소관 상임위원회 위원장의 법률안 심의 결과에 대한 보고로 시작된다(독일 연방의회 의사규칙 제81조 제1항 2문). 만일 소관 상임위원회가 법률안에 대한 수정을 제안하면 당초의 법률안은 폐기되며, 수정된 법률안이 본회의 심의 및 의결의 대상이 된다.[50] 소관 상임위원회 위원장의 보고에 이어 법률안의 개별규정에 대해 순서대로, 그리고 마지막에 서문과 표제에 대해 토의가 이루어진다(독일 연방의회 의사규칙 제81조 제2항). 모든 연방의회 의원은 심의대상 법률안에 대한 심의가 끝나기 전까지 수정제안을 할 수 있다(독일 연방의회 의사규칙 제82조 제1항).

토론에 이어 법률안에 대한 표결이 이루어진다. 표결은 법률안의 개별규정들에 대해, 아니면 여러 부분들 혹은 하나의 법률안 전체에 대해서도 가능하다(독일 연방의회 의사규칙 제81조 제4항). 제2독회에서의 의결은 제3독회의 기초를 이룬다(독일 연방의회 의사규칙 제83조 제2항). 제2독회에서 법률안의 모든 부분들이 부결되면, 그 법률안은 부결되며, 이후에 모든 심의절차가 중단된다(독일 연방의회 의사규칙 제83조 제3

Mengel, "Die Funktion der parlamentarischen Anhőrung im Gesetzgebungsprozeß", D V 1983, SS. 226-233(226f.).

49) H. J. Mengel, a. a. O., S. 227, 231.

50) Ch. Heyer und S. Liening, a. a. O., S. 29.

항).

상임위원회에서 더 심의할 필요가 있는 때에는 법률안의 전체 혹은 일부분에 대해 소관 상임위원회 혹은 다른 상임위원회에 법률안 심의를 재회부할 수 있다(독일 연방의회 의사규칙 제82조 제3항).

(4) 제3독회와 의결

제3독회는 제2독회에서 법률안 수정이 없을 경우 제2독회에 이어 곧바로 열린다. 만약 제2독회에서 법률안에 대한 수정이 의결되었을 경우에는 원칙적으로 의결된 수정안의 인쇄물이 배부된 후 2일이 되는 날에서야 열린다(독일 연방의회 의사규칙 제84조 1문). 제3독회에서 법률안 수정 제안은 교섭단체 혹은 재적 5%의 연방의회의원이 제2독회에서 수정이 의결된 규정들에 대해서만 할 수 있으며, 심의 대상도 이 규정들로 한정된다(독일 연방의회 의사규칙 제85조 제1항 1문). 제3독회에서 일반적인 토의는 제2독회에서 시행되지 않았거나, 운영위원회의 권고 혹은 교섭단체나 연방의회의원의 5%의 요구가 있을 경우에 한하여 시행된다(독일 연방의회 의사규칙 제84조 제1항 3문).

입법과정을 보면 제2독회에서 법률안이 수정되는 경우가 잘 없이 때문에 3독회가 불필요한 경우가 대부분이다. 이러한 이유로 제2독회와 제3독회를 바로 이어서 시행하거나 제3독회를 폐지하여야 한다는 견해도 있다.51)

제3독회 이후 법률안에 대한 최종투표(Schlussabstimmung)가 시행된다(독일 연방의회 의사규칙 제86조 1문). 연방의회의 법률안 의결을 위해서는 원칙적으로 출석의원의 유효투표 중 과반수의 찬성이 있어야 한

51) F. Ossenbűhl, a. a. O., Rn. 30.

다(독일 헌법 제42조 제2항 1문, 제77조 제1항).

그러나 연방의회의 의사정족수에 관하여는 독일 헌법은 별도의 규정을 두고 있지 않고, 독일 연방의회 의사규칙 제45조 제1항에서 연방의회는 재적 과반수의 의원이 출석하여야 의결을 할 수 있다고 규정하고 있다. 이 문제와 관련하여 독일 연방헌법재판소는 독일 연방의회 의사규칙 제45조 제1항에 반하여 재적과반수에 훨씬 못 미치는 소수의 의원들만이 출석하는 가운데 법률안을 통과시킨 경우[52] 성립된 법률에 대해 성립과정의 하자를 인정하지 않았다.[53]

제3독회 이후에 이루어지는 법률안 의결은 독일 헌법 제77조 제1항의 의미에서의 의결로서 연방의회의 최종적 의사를 의미하며 구속력을 갖는다.[54] 그러므로 연방의회 스스로 이 의결을 변경시킬 수 없다. 예산상 연방정부의 동의를 요하는 법률에 대해 연방정부가 재의를 요구하거나(독일 헌법 제113조 제2항), 연방참사원이 이의를 제기하거나 동의를 요하는 법률에 대해 동의를 거부하거나, 조정위원회가 합의안(Einigungsvorschlag)을 통해 의결된 법률안의 수정을 요구하지 않는 한, 연방의회의 의결은 변경되지 않는다.[55]

---

52) 독일 연방헌법재판소의 결정대상이었던 1972년의 무기법(Waffengesetz)의 의결당시에는 단지 36명의 의원만이 출석하였다. H. Scnheider, a. a. O., Rn. 127.

53) BVerfGE 44, 308(315ff.). 그리고 이러한 추정은 다수의 의원이 본회의 최종투표의 참석을 사실상 방해받았을 경우에 깨뜨려질 수 있을 것이라고 한다(BVerfGE 44, 308(320f.)).

54) F. Ossenbűhl, a. a. O., Rn. 38.

55) H. Scnheider, a. a. O., Rn. 128.

3. 연방참사원의 입법절차에 대한 참여와 조정위원회에 의한 조정

연방의회에 의해 의결된 법률안은 연방참사원에 송부되어야 한다(독일 헌법 제77조 제1항 제2문). 연방참사원은 연방의회와는 달리 국민이 대표를 직접 뽑는 것이 아니기 때문에 입법절차에서 연방의회와 동등한 비중과 권한을 갖지 못한다.[56] 법률안에 대한 의결권은 연방의회만이 가지며(독일 헌법 제77조 제1항 제1문), 연방참사원은 연방의회에 의해 의결된 법률안에 대한 동의권 또는 이의권을 통해 입법절차에 참여한다. 즉 연방의회에 의해 의결된 법률안은 연방참사원이 동의할 때, 송부 후 3주 내에 조정위원회(Vermittlungsausschuss)의 소집을 요구하지 않을 때, 조정위원회에 의한 조정절차의 종결 뒤 2주 이내에 이의를 제기하지 않거나 이의를 철회할 때, 혹은 연방의회가 그 이의를(독일 헌법 제77조 제4항에 따라) 기각할 때 성립된다(독일 헌법 제78조).

연방참사원의 입법과정에서 참여는 연방국가에서 연방과 주의 이해관계 조정을 위한 절차적 의의를 가진다. 즉 주가 연방참사원을 통하여 연방의 입법에 참여함으로써(독일 헌법 제50조) 주의 특히 중요한 이해관계를 보호할 수 있다.[57]

연방의회에서 의결된 법률안이 연방참사원에 송부되면 연방참사원은 위원회의심의를 거쳐, 연방참사원 회의에서 표결을 한다. 연방참사원 회의는 원칙적으로 공개되며(독일 헌법 제52조 제3항 제2문,제3문), 연방참사원의 의결을 위해서는 전체 표수의 과반수의 표가 요구된다(독일 헌법 제52조 제3항 1문).

연방참사원의 구성원은 주정부의 구성원으로 구성되며 (독일 헌법 제

56) BVerfGE 37, 363(380).
57) BVerfGE 37, 363(381).

51조 제1항 제1문), 연방의회의원과는 달리 대리가 허용될 뿐만 아니라(독일 헌법 제51조 제1항, 제3항) 자신을 파견한 주정부의 위임과 지시에 구속된다.[58] 주의 표는 통일적으로 행사되어야 한다(독일 헌법 제51조 제3항).

연방참사원의 동의를 요하지 않는 법률에 대해서는 연방참사원은 이의를 제기할 수 있다. 이의제기를 위해서는 정해진 기한 내에 조정위원회의 소집을 요구하여야 한다(독일 헌법 제77조 제2항, 제3항). 연방참사원의 이의는 동의를 요하는 법률에 있어서의 동의거부와는 달리 절대적 거부권(Veto)이 아니라 연방의회의 재의결을 요구하는 것과 같은 의미를 갖는다. 즉 연방의회는 연방참사원이 단순다수로써 이의를 제기하면, 재적 과반수의 의결로써, 연방참사원이 3분의 2 이상의 가중다수로써 이의를 제기하면 출석의원 3분의 2 이상 및 재적의원 과반수의 다수결로써 그 이의를 기각시킬 수 있다(독일 헌법 제77조 제4항, 제121조). 연방참사원의 이의가 기각되면 그 법률안은 법률로서 성립한다(독일 헌법 제78조). 그리고 연방참사원이 적극적으로 동의하거나 혹은 정해진 기한 내에 아무런 조치를 취하지 않으면 성립한다(독일 헌법 제77조 제4항, 제121조, 제78조).

연방참사원의 동의를 요하는 연방법률의 경우, 연방참사원이 명시적으로 동의하지 않으면 성립하지 못하므로(독일 헌법 제78조) 연방참사원이 절대적인 거부권(Veto)을 갖는다. 따라서 연방참사원이 조정위원회의 소집안 혹은 이의제기안을 부결시키는 소극적 결의에 적극적으로 동의한 것과 같은 법적 효과가 부여되지 않는다.[59]

---

58) 독일 헌법 제77조 제2항 제3문.

59) H. Scnheider, a. a. O., Rn. 144. 동의법률인지 여부가 의심스러운 경우 연방참사원은 조정위원회의 조정절차를 거친 뒤 조심스럽게 이의를 제기할 수 있으며, 이 경우 전술한 바와 같은 방법으로 연방의회는 연방참사원의 이의를 기

동의법률의 경우 이의법률의 경우와는 달리, 연방참사원이 동의를 위해서 반드시 조정위원회의 소집을 요구할 필요는 없으며, 연방의회 및 연방정부도 조정위원회의 소집을 요구할 수 있다(독일 헌법 제77조 제2항 제4문). 이의법률과는 달리 동의기간에 특별한 제한이 없지만, 연방참사원이 조정위원회 소집요구를 하지 않았거나 조정절차가 연방의회의 법률안의결의 변경에 대한 제안 없이 끝난 경우에는, 연방참사원은 적절한 기한 내에 동의하는 의결을 하도록 하고 있다(독일 헌법 제77조 제2항a).

연방법률 가운데 동의법률이 연방참사원의 동의거부 혹은 이의제기로 연방의회에서 의결된 법률안이 폐기된 경우는 많지 않다.[60] 연방의회가 이의를 기각시키는 등의 원인도 있지만, 조정위원회의 조정절차에 의해 연방참사원과 연방의회의 이견이 조정되기 때문이다.[61]

4. 서명 및 공포

(1) 연방정부의 부서와 연방대통령의 서명

독일 헌법에 따라 성립된 법률은 연방정부의 부서 후 연방대통령이 서명하고 공포함으로써(독일 헌법 제58조 1문, 제82조 제1항 1문) 효력을 발생한다.

부서행위는 연방대통령의 서명을 준비하고 보좌하는 정도의 의미가

각시킬 수 있다고 한다: BVerfGE 37, 363(396); F. Ossenbűhl, a. a. O., Rn. 48.

60) F. Ossenbűhl, a. a. O., Rn. 49.

61) F. Ossenbűhl, a. a. O., Rn. 50.

있다.[62] 연방대통령은 서명함으로써 그 법률은 성립된다(독일 헌법 제82조 제1항 1문)

연방대통령의 서명에서 기한의 제한이 없으나, 적절한 기간 내에 서명하여야 한다. 법률의 진정성과 법률이 헌법의 규정에 따라 성립된 것으로 인정될 때에는 지체 없이 서명할 의무가 있다.[63]

(2) 법률의 공포

법률의 공포는 법률의 존재와 내용을 국가기관들뿐만 아니라 일반국민에게도 공적인 방식으로 알리는 행위이다.[64] 법률을 포함한 모든 법규범이 효력을 갖기 위해서는 공포되어야 한다. 법규범은 수규자가 인식할 수 있을 때에 비로소 효력을 갖는다는 것은 법치국가의 요청일 뿐만 아니라 제정법 시스템의 본질적인 구성부분에 속한다.[65]

법률의 공포는 법률의 효력발생요건[66]이다. 독일 연방헌법재판소는 법률의 공포와 관련된 사건에서 공포되지 않은 라인란트-팔츠(Rheinland-Pfalz)주(州)의 주법률(Landesgesetz)은 독일 헌법 제123조 제1항의 의미에서의 "현행법(geltendes Recht)"이 될 수 없다고 하였다.[67] 연방법률의 공포는 연방법률공보(Bundesgesetzbiatt)에 게재하는 방식으로 이루어진다(독일 헌법 제82조 제1항 1문).

---

62) F. Ossenbűhl, a. a. O., Rn. 59.

63) F. Ossenbűhl, a. a. O., Rn. 61; H. Scnheider, a. a. O., Rn. 475.

64) G. Leibholz und H. J. Rinck, *Grundgesetz fűr die Bundesrepublik Deutschland, Grundgesetz*, 4. Aufl., 1971, S. 646.

65) BVerfGE 7, 330(337); H. Scnheider, a. a. O., Rn. 482.

66) Th. Maunz, in: *Maunz-Dűrig Kommentar zum Grundgesetz*, Bd. V, 1994, "Art.82", Rn. 7, Fn. 4; H. Scnheider, a. a. O., Rn. 481f.

67) BVerfGE 7, 330(337f).

원칙적으로 모든 법률은 그 효력발생일을 규정하도록 되어 있으나, 규정이 없을 경우 연방법률공보가 발행된 날의 다음날로부터 14일 후에 효력을 발생한다(독일 헌법 제82조 제2항). 독일 연방헌법재판소에 의하면, 연방법률공보가 발행된 시점은 공포권이 있는 헌법기관이 연방법률공보의 첫 부수를 유통시킨 시점이라고 한다.[68] 연방법률공보는 그 게재된 발행일에 실제 발행된 것으로 추정된다.[69]

III. 법제기구[70]

1. 행정부의 법제기구

독일에서는 행정부 내에 법제업무를 전담하거나 지원하는 독립된 조직이 존재하지 않는다. 행정 각 부에서 법제업무를 전담하는 공무원에 의해서 법제업무가 수행되고 연방 정부 차원에서의 총괄적이고 최종적인 법제업무는 연방법무성에서 수행한다.

행정 각 부에서는 법령입안심사기준표에 의해서 필요성·적합성·실현가능성·유용성·비용 등에 관한 정밀하게 검토하여 법률안을 작성한다. 이렇게 작성된 법률안은 연방 정부의 의결을 받기 전에 연방법무성에 의해 법안의 입법필요성, 합헌성, 통일성 등 법안의 형식성에 대한 심사를 받는다.

68) BVerfGE 16, 6(3. Leitsatz).
69) BVerfGE 16, 6(2. Leitsatz); F. Ossenbűhl, a. a. O.(Anm.18), Rn. 67; H. Scnheider, a. a. O.(Anm.18), Rn. 488.
70) 임종훈 외 3인, 앞의 책, 77-78면.

2. 의회의 법제기구

독일에서 의회의 법제기구로 한술총국과 위원회 Staff가 있다. 학술총국은 의회의 각 위원회의 의사운영보좌기관과 의회정보자료기구가 통합되면서 설치된 기관으로서 연방의회 사무처에 소속이다. 총 4개의 부서로 이루어지며, 각 부서 중 2개의 부서에서는 위원회운영의 보좌와 의원의 입법활동의 보좌를 직접 임무로 하며, 나머지 2개의 부서에서는 의원에 대한 문헌정보의 제공과 데이터의 처리, 청원 및 진정에 관하여 조사하여 청원위원회에 제공하는 등의 업무를 담당한다.

이와는 별로도 위원회에서는 각 위원회에 맞는 전문 Staff를 배치하여 이들로 하여금 각종 위원회업무를 보좌토록 하고 있다. 이들은 의사일정과 관련된 자료를 수집하고, 회의진행의 기록 및 보고서 작성 등의 업무를 담당하며 입법활동을 보좌한다.

제4절 일 본

Ⅰ. 서 언

일본국 헌법은 국민주권원리를 채택하면서 의원내각제적 정부형태를 취하고 있지만 민주주의와 삼권분립의 구조 아래에서 국회는 유일한 입법기관이다. 국회는 양원제를 채택하고 있으며 중의원과 참의원으로 구성된다. 하지만 법률·예산의 의결, 조약의 승인 및 내각총리대신의 지

명에서 중의원의 우월을 인정하고 있다.[71]

어떤 법률을 제정하기 위해서는 당해 법률의 제정에 대한 필요성이 국회에서 심의 되어야 하고, 그러한 심의절차에 있어서는 심의의 대상으로서의 의안, 즉 '법률안'이 존재하는 것이다. 일본에서 이 법률안을 국회의 심의에 부치기 위해서 누가 제출할 수 있는지의 관점에서 종종 의원제출 법률안과 내각제출 법률안으로 분류된다. 그리고 당해 법률안의 작성 작업 그 자체에 대해 또는 가결이 성립한 당해 법률안에 대해서 각각 의원입법 또는 정부입법이라 불리기도 한다. 내각입법에 대해서 이것이 가능한지 여부에 대한 논의가 없는 것은 아니나 가능한 것으로 해석된다.[72]

입법기관은 국회라고 하는 점에서 제정되는 법률의 과반은 의원입법이라고 추측되는 것이 상식적이고 또 그것이 권력분립의 이념에 합치되는 것이겠지만, 일본의 경우에 제정되는 법률의 압도적 다수는 정부입법이다. 즉 일본은 영국이나 독일 등 다른 의원내각제를 정부형태로 하는 나라와 달리 관료나 여당이 입법과정에서 주도적인 역할을 하고 있다.

71) 민병로, "일본의 입법과정과 특징", 공법학연구 12권 제1호, 한국비교공법학회, 2011, 180면.
72) 比較立法過程研究會, 前揭書, 281頁.

Ⅱ. 내각입법과 의원입법

1. 내각입법

(1) 법률안의 작성 '주체'

내각에서는 각의 결정을 거쳐 법률안을 국회에 제출한다. 법률안은 현실적으로 법률로 성립되어야 비로소 정책실현의 수단이 되기 때문에 행정에서 법률안을 입안할 때 입법부에서 통과 될 수 있도록 다양한 배려가 이루어진다.[73] 내각제출 법률안의 작성주체는 원칙적으로 중앙행정기구인 각 성(省)의 과(課)이다. 각 성의 과가 내각 제출법률안의 작성주체가 되는 이유로서, 첫째는 중앙행정기구에 대해서는 그 정점에 최고의 통합조정기구로서의 내각이 있으나, 구체적인 행정집행은 각 성이 제일차적 단위인 점, 둘째는 각 성의 내부조직에 대해서는 국가행정조직법(이하, 행조법이라 한다)이 규정하는 바에 따라 국(및 부), 과(및 실)로 구분되어 있는 점, 셋째는 국, 과로 조직되어 있는 국가행정조직을 전제로 개별 법률의 집행 또는 이에 관련되는 입안은 과 단위로 소장하고 있는 점이다(참조, 각성설치법 및 조직령).

또, 내각제출 법률안으로서 작성되고자 하는 법률안에는 그 정령내용이 하나의 '과'의 소장사무를 넘는 경우도 있을 수 있다. 그러한 경우에는 예를 들면 성에 있어서 프로젝트 팀이 법률안 작성을 위해 편성되는 경우도 있다.

---

73) 伊藤直, "內閣立法の 企劃立案", 大森政輔, 鎌田薰編, 立法學講義, 商事法務, 2006年, 56頁

(2) 법률안의 작성

1) 사실관계 조사 및 부서 간 의견 조정

법률은 어떤 사항에 관한 규제를 주요 내용으로 하기 때문에 먼저 당해 법률이 규제하는 내용에 관한 사실, 현상에 대한 파악이 필요하다. 그리고 당해 규제내용의 수범자의 수인이 있어야 하기 때문에 미리 이해관계자의 의견, 의향 등을 파악해 두어야 한다.

그리고 과 등이 하나의 법률안에서 규정하고자 하는 사항)은 때때로 다른 과의 소관 사무와 관련되는 경우도 있기 때문에 내각에서 법률안을 국회에 제출하고자 하는 이상, 양 조직 간의 의견을 통일할 필요가 있다.

법률을 실시하기 위해서는 예산이나 인원 등이 필요하고, 그 규정내용을 다른 법률과 통일할 필요가 있는 경우도 있기 때문에 이런 사항에 대해서는 당해 사항을 소장하는 부국과 조정, 협의를 거칠 필요가 있다.

2) 법문의 조정

법률은 국민의 권리와 의무, 국가기관 등의 권한의 확정하는 것을 그 내용으로 하기 때문에, 문장으로 표현하는 일도 중요하다. 이러한 작업은 원안의 작성과정을 통해서 점진적으로 이루어지지만, 경우에 따라서는 각 성의 관방에 설치되는 문서관리사무를 소장하는 과에 의해, 그리고 최종적으로는 내각의 보조기관인 내각법제국의 관여를 통해 이루어지게 된다.

내각법제국의 주요 업무는 법률문제에 관해 내각 및 내각총리대신, 각 성대신에게 의견을 말하는 '의견사무'와 각의에 부의된 법률안, 정령안,

조약안을 심사하는 '심사사무'로 나누어진다. 내각법제국은 내각제출 법률안이 각의에 부의되기 전에 심사사무를 한다. 법률안 심사는 본래 그 법률안에 관련된 소관성청으로부터 내각총리대신에게 제출된 각의청의서를 송부 받은 때부터 개시된다.[74)]

3) 여당 등 정당과의 조정

행정조직에 의한 법률안의 작성 작업은 일반적으로 당해 법률안의 국회제출에 대한 내각의 결정, 즉 각의결정(閣議決定)으로 완결되지만, 일반적으로 행정조직에서의 법률안의 작성은 당해 법률안이 국회의 양원에서 가결, 성립되어 법률이 되는 것을 목적이다. 헌법이나 법률에 그 근거가 없지만 내각제출 법률안을 국회에 제출하기 전, 행정조직의 법률안의 작성 작업의 과정으로서 당해 법률안에 대한 '여당'과의 사전의 조정 작업이 필요하다. 각 성청은 사전에 여당의 승인을 얻지 않으면 국회에 법안제출을 할 수 없다. 각성의 협의를 마치고 내각법제국의 심사를 거쳤다하더라도 여당심사라는 절차를 사실상 거치도록 하고 있다.[75)]

(3) 내각제출 법률안에서의 유의점

1) 행정기구 법률안 작성 작업의 개방성과 국회 입법 활동에 대한 선점

행정기구에서의 법률안 작성 작업은 행정조직 내부에서 폐쇄적으로 행해지는 것이 아니라, 민간단체 등 사회구성원 혹은 정당이라고 하는

74) 민병로, 앞의 논문, 183면.
75) 中島誠, 立法學-序論·立法過程論, 法律文化史, 2007年, 86頁.

행정조직 이외의 사람들과 일정한 교섭 등 개방적으로 행해지고 있다. 이러한 '개방적 성격'의 행정기구에 있어서의 법률안 작성의 작업이 국회에서 행해지는 입법 활동을 실질적으로 좌우하고 있다고 하는 점에 유의할 필요가 있다.

2) 법률안 작성 작업과 예산편성의 일정과의 연동

법률안의 내용은 예산 이외에 정부조직의 인원이나 정부 조직 내에서 설치되어야 하는 내부조직의 형태와 관련된다. 인원의 정원의 증원이나 정부 조직(내)의 조직의 신설이나 설치는 예산을 수반하게 된다. 이런 점에서 법률안 작성 작업의 스케줄은 정부의 예산편성의 스케줄과 연동하여 실징된다.

3) 의사통일, 조정을 위한 제재로서의 원안

각 성의 과 등 법률안 작성주체는 그 작업과정의 각 단계에서 그때마다 필요에 따라 최종적인 구체적 법률문안을 만들기 위한 '원안'을 작성한다. 원안은 완성도에 따라 통례, 요강(안) 혹은 원안으로서의 대강(안), 골자(안)이라는 이름이 붙여진다. 실무상 그렇게 명명하고 있지만 교섭의 단계에서 관계자 간 의사통일 혹은 조정을 행하기 위한 제재로서 즉, 교섭의 수단이나 방식으로 사용되고 있음에 유의해야 할 필요가 있다.

4) 법률안 작성의 매뉴얼 화

내각의 행정기구는 '법률의 생산 공장'으로서의 실제상 그 '생산 공정'을 시간의 경과에 따라 매뉴얼 화 하도록 한다. 이러한 매뉴얼 화는 당해 사항에 대한 틀을 만드는 효과가 있다. 그리고 이후 법률안 작성 작업시 이전에 법률안 작성 시의 노하우와 경험이 전수되는 '학습'으로서의 의미를 지니게 된다.

5) 내각제출 법률안의 작성과정과 내용 정당성에 대한 법적 근거 부재

매뉴얼 화는 실무상의 '룰'의 형성을 의미한다. 현재, 내각제출 법률안의 작성과정에 대해 일반적 법규는 존재하지 않는다. 행정기구에서 법률안이 작성된다고 하는 것은 내각이 국회에 법률안을 제출한다고 하는 것에는 당해 법률안의 내용에까지 법적 정당성이 부여되지는 않는다. 내각제출 법률안의 내용의 정당성은 당해 법률안의 완성도에 달려있으며, 종국은 국회에서의 심의과정에서 판단되게 된다.

2. 의원입법

의원입법은 의원이 제안자가 되기 때문에 의원입법의 주체는 중의원의원 또는 참의원의원이 된다. 의원이 법률안을 발의하기 위해서는 중의원에서는 의원 20인 이상, 참의원에서는 의원 10인 인상의 찬성을 요한다(일본 국회법 제56조 제1항). 의원입법 시 일정수의 의원의 찬성을 요건으로 하여 의원입법을 일정요건으로 제한하고 있다. 이러한 제약은 의원입법의 난립을 억제하고 정부제출 법률안에 대한 의사촉진을 도모하기 위해서 보완된 것이다.[76]

---

76) 比較立法過程研究會, 前揭書, 281頁.

위원회의 법률안 제출권도 인정하고 있다(동법 제50조의2). 위원회는 그 소관사항에 관하여 법률안을 제출할 수 있다. 제출하고자 하는 법률안이 예산을 수반하는 경우에는 그 법률의 시행에 필요한 경비를 명백히 하는 내용을 갖추어야 한다. 이렇게 법률안이 제출되면 의장은 법률을 인쇄하여 의원(議員)들에게 사전에 배포하여 충분한 정보와 의회일정의 효율화를 도모하고 있다. 이때 다른 의원(議院)에게도 송부한다.

의원입법의 경우에도 내각입법의 경우와 같이 여당협의와 비슷한 절차를 거쳐 소속 정당의 승인을 받아야 한다.77) 그리고 의원입법을 위한 보조기구로서 국립 국회도서관 입법조사국, 양원에서는 각각 상임위원회 조사실, 법제국(중의원 법제국 및 참의원 법제국) 등이 설치되어 있다.

III. 입법과정

1. 개 관

법률안이 중의원이나 참의원에 제안되면 의장은 그 법률안을 소관위원회에 부의한다. 부위할 위원회를 결정하기 어려운 경우 의원운영위원회와 협의하여 결정한다. 관계위원회에 부의되면, 취지·설명, 질의, 토론, 채결(採決)의 절차로 심사된다. 위원회의 심사가 끝나면 그 법안은 본회의에 상정되고, 위원장 보고, 질의, 토론의 순서로 심의되고, 채결로써 그 본회의에서의 의결이 확정된다. 그 후 그 법안은 다른 의원(議院)에 송부되고, 같은 절차를 거쳐서 국회심의는 종결된다.

---

77) 임종훈 외 3인, 앞의 책, 58면.

위와 같은 위원회 중심의 심의절차는 일본 헌법이 미국의 위원회중심주의를 채택한 결과이다. 이러한 입법과정은 명치헌법에서의 제국의회와는 많이 다르다. 제국의회시대의 심의절차는 본회의 중심의 삼독회제(三讀會制)였다.

삼독회제는 법안을 3회 낭독하여 심의하는 절차이다. 우선, 제1회 독회를 열고 낭독한 이후, 취지 설명, 개괄적인 문제의 질의, 위원회부의, 위원회보고로 제1회 독회가 끝난다. 제2회 독회에서는 두 번째의 법안 낭독, 축조심의, 수정안이 있다면 그 가부의 의결로 제2회 독회를 종료한다. 제3회 독회에서 세 번째의 낭독, 전체적인 질의, 토론, 채결로 종결되는 과정을 거치는 절차이다.

삼독회제는 토론의 장인 의회는 모든 안건을 토론(또는 언론)을 통해서 결정해야 한다는 사고를 바탕으로 하고 있다. 심의해야 할 내용이 무엇인지 명확히 하고 확인한다는 목적으로 3번에 걸쳐서 낭독을 한다. 그러나 실제로는 법안은 인쇄되어 각 의원에 배부되기 때문에 낭독은 생략되는 경우도 있다. 그리고 제3회 독회는 생략되어 제2회 독회로 심의가 끝나는 경우가 많았다.[78]

2. 입법과정

(1) 법률안의 제출

법안의 국회심의는 그 제출로 시작된다. 법안의 제출이란 국회에서의 심의와 의결을 요구하는 것을 말한다. 국회법에 의하자면 법안의 제출은

78) 松澤浩一, 國會における法律案の審議, 法學教室, No. 173, 1995. 2, 38頁.

그 주체마다에 다음과 같이 구분되고, 그 요건이 따른다.

먼저 의원발의이다. 참의원과 중의원의 국회의원이 그 각 의원에 대해서 법안의 심의의결을 구하는 것을 발의라 한다. 이에는 중의원에서는 의원 20인 이상의, 참의원에서는 의원 10인 이상의 찬성이 필요하다. 예산 관계 법률안의 발의에는 중의원에서는 50인 이상, 참의원에서는 20인 이상으로 요건이 가중되어 있다(국회법 제56조 제1항).

이에 따라 양원의 의원규칙은 법률안의 발의에 대해 그 안을 갖출 것, 이유를 제시할 것, 예산 관계 법률안의 경우는 예산을 명백히 한 문서를 첨부할 것이 규정되어 있다(중의원규칙 제28조, 참의원규칙 제24조).

이상과 같이 의원의 법률안의 발의에 찬성요건은 이권에 관한 입법이나 선거구 또는 관계 단체 등에 대한 특혜법안이 남발되는 등의 폐해를 방지하기 위해서 보완된 것이다. 그러나 이러한 제한규정은 폐해를 막기보다는 소수파나 소수정당 내지 그 소속의원의 입법 활동을 제한할 수 있다는 비판이 있다.[79]

국회법 제50조의2에서 '양원의 위원회는 그 소속에 속하는 사항에 관해서 법률안을 제출할 수 있다'라고 규정하고 있다. 위원회중심주의의 결과, 위원회는 입법과정에서 중요한 지위를 점하고 있기 때문에 의원과는 별개로 법안제출의 주체적 지위를 인정하고 있다. 위원회라고 하는 양원의 기관의 의사에 근거한 것이기 때문에 의원발의의 경우와 같은 찬성의 요건은 없다.

소관사항에 관해 위원회가 조사한 결과, 입법조치가 필요하다고 판단되어 제출되게 되는 것이 통례이므로 이를 위원회에 회부하지 않고 바로 본회의에서 심의하게 된다(참의원규칙 제29조의2).

---

79) 홍완식, "의원입법에 대한 합리적인 통제방안", 저스티스 106호, 2007. 2, 104-126면.

위원회 제출법안이 활성화 되지는 않았지만 법안의 입안과정이 공개되지 않고 위원회의 심사에 회부되지 않고 바로 본회의에 상정되고, 여기서도 질의 등의 심의가 거의 이루어지지 않고 의결되기 때문에 입법의 계기나 그 필요성 내지 타당성 등에 관한 내용이 명확하거나 공개되지 못하는 부분이 있다.

의원발의 또는 위원회 제출법안은 '국회'가 아닌 그 소속 '의원'(議院)에 대해서 제출되는 것이다. 그리고 이런 법안이 본회의에서 의결되면, 의원발의인가 위원회제출인가의 구분은 없어지고, 의결의 시점에서 그 의원(議院)이 제출하는 법안이 된다. 본회의의 의결은 당해 법안의 가결, 수정의결로서 국회에 제출한다는 취지의 의결을 하는 것은 아니지만, 의결은 즉 제출이라고 이해되고 있다. 가결된 법률안을 다른 의원(議院)에 넘길 때에는 '제출'이 아니라 '송부'의 절차에 의하지만, 송부를 받은 다른 의원(議院)에서는 그 의원제출안이라 표시하고 그렇게 다룬다.

(2) 위원회 회부

각 의원에서 법안이 발의 또는 제출된 때에는 '의장은 이를 적당한 위원회에 회부하고, 그 심사를 거쳐서 회의에 부의 한다'(국회법 제56조 제2항). 그리고 의장은 법안을 인쇄하여 각 국회의원에 배부하고(중의원규칙 제28조·30조, 참의원규칙 제24조·제27조), 그 배부와 동시에 '적당한 상임위원회에 회부'(중의원규칙 제31조, 참의원규칙 제29조)하는 것이 원칙이다.

위에서 말하는 적당한 상임위원회는 그 법안의 내용으로 보아, 어떤 상임위원회의 소관사항(중의원규칙 제92조, 참의원규칙 제74조에 그 규정이 있다)에 속하는 것인지를 판단해서 결정한다. 그리고 '의원에서 특히 필요가 있다고 인정한 안건 또는 상임위원회의 소관에 속하지 않는 안건에 대해서 특별위원회가 설치된 경우에는 그 소관에 속하는 안건에 대해서는 의장은 이를 그 위원회에 회부 한다'(중의원규칙 제33조, 참의원규칙 제29조). 국회법 제45조에 있어서 상임위원회제로 포괄할 수 없는 경우의 예외적인 특별위원회의 설치가 인정되고 있는 것에 의한 것이고, 선거제도에 관한 법안이나 세제개혁에 관한 법안에 대해, 특별위원회가 설치되어 이에 회부하는 것이 그 예이다.

위와 같이 법안은 상임위원회에 회부하여 실질적인 심사를 하게하고, 그 후에 본회의에서 의결하는 절차를 밟기 때문에 국회 내 심의는 위원회중심주의이다.[80)]

(3) 위원회 심사

1) 취지 설명 및 질의

법안이 위원회에 회부되면 위원회는 '우선 의안의 취지에 대해서 그 설명을 들은 후, 심사에 들어간다.'(중의원규칙 제44조, 참의원규칙 제39조). 일반적으로 '취지 설명'이라고 하는 것으로 발의자 또는 제출자가 취지 설명을 한다. 그 법안을 법률로서 제정할 필요성을 분명히 하기 위해 제안의 이유, 법안의 목적과 내용의 개략을 설명하는 것으로 실질적인 심사절차는 여기서부터 시작된다.

취지 설명의 청취가 끝나면 질의의 단계로 이행한다. 질의란 의제가 된 법안에 대한 의문을 해명하기 위해 어떤 사실 또는 어떤 사안에 관

80) 민병로, 앞의 논문, 187-188면.

한 설명 또는 견해의 표명을 요구하는 질문을 말한다. '위원은 의제에 대해 자유로이 질의 및 의견을 말할 수 있다'(중의원규칙 제45조, 참의원규칙 제42조). 본회의의 경우, 질의는 3회를 넘길 수 없다(중의원규칙 제134조의2, 참의원규칙110조)라는 제한이 있지만, 실질적인 심사를 행하는 위원회에서는 그러한 제한 없이 자유로운 발언을 보장하고 있다.

질의의 상대방은 법안의 발의자 또는 제출자이다. 다른 위원에 대해서도 질의는 허용되지만, 실제로는 거의 행해지지 않는다. 질의에 대해서 상대방이 하는 설명 또는 견해의 표명을 답변이라고 한다. 위원회에서의 질의와 답변은 일문일답의 방식이다.

위원회심사는 질의와 답변의 형식으로 진행된다. 위원은 의제가 된 법안에 대해 자유로이 질의 및 의견을 말할 수 있기 때문에 단순히 의문점에 대한 설명을 요구하는 것만이 아니라, 적극적으로 자기의 의견을 진술하고 이에 대한 견해의 표명을 요구할 수도 있기 때문에 논쟁이 이루어진다.

따라서 법안의 국회심의는 질의의 단계에서 어떤 논쟁이 있었던가에 따라 그 실질이 결정된다. 적절한 주제를 제기하여 제출자인 국무대신이나 보조자인 정부위원의 답변을 끌어내고, 당해 입법의 필요성, 타당성 내지 합리성에 대한 문제점을 명확히 하는 것이 질의라고 하는 절차의 목적이고, 이에 근거해서 법안에 찬성인지 반대인지를 결정하게 된다. 따라서 어떤 질의가 행해졌는가가 입법과정에서의 국회심의의 실질이 된다.

2) 수정

질의를 통해서 문제가 된 사항에 대해 수정이 가해진다. 수정은 법안의 내용에 변경을 가하는 것으로 새로운 사항의 추가 또는 그 일부의 삭제, 또는 법안의 일부 혹은 전부의 수정을 말한다. 위원이 수정을 바랄 경우에는 '미리 수정안을 위원장에게 제출하지 않으면 안 된다'(중의원규칙 제47조, 참의원규칙 제46조). 위원회에서의 수정안의 제출은 찬성자의 요건이 없기 때문에 위원 한 사람으로 제출할 수 있지만(본회의의 경우에는 국회법 제57조·제57조의2), 예산을 수반하는 수정안에 대해서는 내각의 의견과 들어야 하고 소요예산에 관한 문서도 첨부해야 한다.[81]

3) 토론 및 표결

질의가 끝나면 위원장은 질의의 종결을 선언한다. 질의종결의 선고가 있으면 이후 질의할 수 없고 토론에 들어간다. 토론을 하려고 할 경우 위원장에게 통고하면 되고, 토론의 순서에 관해서는 특별한 규정이 없기 때문에 위원장의 지시에 따라 진행된다.

토론이란 의제가 된 법안에 대한 찬성 또는 반대의 의견표명을 말한다. 원래는 찬부의 의견표명과 동시에 자기의 의견에 동조하도록 다른 위원을 설득하기 위한 절차이다. 하지만 사실은 설득으로 찬부에 관한 상대방의 의견을 변경시킬 수 있는 여지가 거의 없기 때문에 위원개인의 의견이라기보다는 그 소속정당을 대표해서 그 찬부의 이유를 진술의 성질을 가진다.

토론이 종결되면 위원장은 의제를 표결에 부친다(중의원규칙 제50조, 참의원규칙 제49조). 표결이란 문제가 된 안건에 대한 위원의 찬부의 판단의 표명을 말하고, 위원의 표결을 요구하는 것을 채결이라 한다. 위

81) 임종훈 외 3인, 앞의 책, 61면.

원장이 토론종결을 선언한 후는 더 이상 토론은 허용되지 않는다.

위원회에서의 표결권은 위원만이 가지고 있다. 국회의원이라 해도 위원이 아닌 자에게는 표결권은 인정되지 않고, 또 위원이라 해도 '표결시에 현재하지 않는 위원은 표결할 수 없다'(중의원규칙 제51조, 참의원규칙 135조). 이에 따라 위원회를 결석한 위원은 다른 위원에게 표결권을 위임하여 행사하는 것은 허용되지 않는다(중의원규칙 제148조, 참의원규칙 제135조).

위원회에서의 채결은 통상 중의원에서는 기립(중의원규칙 제151조)으로, 참의원에서는 기립(참의원규칙 137조) 또는 거수로 하고 그 외에 양원 모두 이의의 유무를 살피는 방법도 사용하고 있다(중의원규칙 제157조, 참의원규칙 제143조). '위원회의 의사는 출석위원의 과반수로 이를 결정하고, 가부동수인 경우에는 위원장의 정하는 바에 의한다'(국회법 제50조)라고 하고, 위원장이 찬성자의 기립 또는 거수를 요구하고, 그 다소를 확인하여 가결인지 부결인지를 선언한다.

4) 그 외의 절차

위원회에서의 심사는 위에서 설명한 절차와 같이 진행되지만, 경우에 따라서 토론에 들어가기 전에 다음과 같은 절차를 거치기도 한다.

㉠ 소위원회를 설치하여 특정 과제의 심사를 회부하는 것(중의원규칙 제43조, 참의원규칙 제35조).

㉡ 다른 위원회와 협의하여 공동으로 심사를 하는 연합심사회를 개최하는 것(중의원규칙 제60조, 참의원규칙 제36조).

㉢ 다른 의원의 상임위원회와 협의하여 공동으로 심사를 하는 합동심사회를 개최하는 것(국회법 제44조).

㉣ 공청회·참고인·소위원회를 열어서, 학식경험자 등으로부터 의견을 듣는 것(국회법 제51조). 또 '총예산및중요한세입법안에대해서는' 공청회는 필요적 절차이다. 그리고 위원회의 심사에 기여할 수 있는 의견을 가지고 있다고 인정되는 자, 즉, 학식경험자나 이해관계인 등을 '참고인'으로서 위원회에 출두를 요구하고, 그 의견을 듣는 절차도 행해진다(중의원규칙 제85조의2, 참의원규칙 제186조).

3. 본회의 심의

위원회심사가 끝나면, 법안은 본회의에 회부된다(국회법 제56조 제2항). 여기서는 위원장보고, 질의, 토론, 채결의 순서로 심의된다. 본회의에 대해서는 일본국 헌법 제56조 제1항의 규정에 따라 총의원의 3분의 1이상이 출석하지 않으면 개의할 수 없다.

심사를 종결한 법안이 본회의에서 의제가 된 경우에는 위원장은 '위원회의 경과 및 결과를 의원에 보고 한다'(국회법 제53조). 경과란 위원회에서의 질의답변 등 심사의 내용의 개략이고, 결과란 가결, 부결 또는 수정의결 중 어떤 것으로 결정해야 한다는 것이다. 구두로 행해지지만, 동시에 간략한 심사보고서도 제출된다(중의원규칙 제86조, 참의원규칙 제72조).

본회의에서의 법률안심의는 매우 형식적인 심의에 불과하다. 그 이유는 본회의에서 의원들은 의제가 되는 법률안에 대하여 관계가 있는 위원회가 아닌 이상 내용을 거의 모르기 때문이다. 투표는 모든 절차가 끝나고 의장이 토론종료를 선언하고 한다. 제출된 법률안에 대한 투표결과 원안가결 또는 수정의결 되면 그 법률안은 타 원에 송부되고 그 원의 심의절차를 밟게 된다. 만약 타 원에서 그 법률안을 원안가결하게 되면 그 법률안은 법률로서 성립하게 되고, 수정의결하게 되면 그 수정안을 송부하였던 의원에 다시 회부하여 수정안에 대한 동의를 받아야만 법률로서 성립하게 된다.[82)]

4. 위원회중심주의의 제한

위에서 설명한 입법과정에서 위원회중심주의에는 몇 가지 예외적 경우가 있다. 일본 국회법 제56조 제2항 단서에 의한 긴급한 경우 위원회 심사를 생략할 수 있다. 그리고 의원의 운영위원회가 특히 필요하다고 인정해서 행하는 본회의에서의 취지 설명 청취제도가 있으며(국회법 제56조의2), 위원회가 심사 중인 법안에 대해 본회의에서의 중간보고를 요구하고 그 후 긴급을 요한다고 인정하는 경우 위원회에 심사의 기한을 정하거나 본회의에서 직접 심의할 수 있으며, 위원회의 심사에 기한을 정한 경우 그 기한 내에 심사가 끝나지 아니한 경우에도 의원에서 바로 심의할 수 있다(동법 제56조의3).

이러한 제도는 위원회중심주의를 채택하고 있음으로 인하여 위원회 활동이 미흡하거나 파행의 경우가 발생했을 경우 입법 활동 전체가 마비될 우려가 있기 때문에 제한을 가하고 있는 것이다.[83)]

---

82) 임종훈 외 3인, 앞의 책, 62-63면.
83) 임종훈 외 3인, 앞의 책, 61면.

5. 양원협의회

양원 중 법안을 먼저 심의의결하고, 그 후 법안은 다른 의원으로 송부한다. 다른 의원은 그 송부 안에 대해서 심의·의결하여 양원의 의결을 종합하여 일체화시키는 절차가 선의후의의 관계이다. 중의원우월의 관계도 이 선의후의의 관계를 기초로 하여 있고, 중의원이 그 우월의 권능을 발동하지 않는 한 모두 이 관계에서 심의절차가 진행되기 때문에 원칙적인 양원관계라고 할 수 있다.

이 관계에 있어서 후의의 의원의 의결이 선의의 의원의 의결과 일치한다면 국회의 의결이 성립하고, 법안은 법률이 된다(일본국 헌법 제59조 제1항). 의결이 다른 경우는 이를 일치시키기 위한 절차가 필요하게 된다. 즉 후의의 의원이 선의의 의원으로부터 송부된 안을 수정한 경우에는 의결이 달라지기 때문에 이를 선의의 의원이 동의하면, 양원의 의결이 일치하여 법률로서 성립한다. 회부 안에 동의하지 않을 경우, 그리고 후의의 의원이 송부 안을 부결한 경우에는 원칙적으로 양원협의회에서 의결이 일치하도록 협의하게 된다(국회법 제83조, 제84조).[84)]

중의원과 참의원의 의결이 다른 경우에 그 의결을 일치시키기 위해 필요한 조정을 하는 기관으로서 양원협의회가 있다. 양원 간에 불일치된 법안에 대해 설치되고, 각 의원에서 선거된 각 10인의 협의위원으로 조직된다. 양원협의회에서는 양원 간에 의결이 다른 부분이 협의의 대상이 되고, 협의가 성립한 경우는 양원협의회의 성안으로서 양원의 심의에 회부되고, 그 의결이 일치하면 성안대로 법안은 법률이 된다.

이를 구체적으로 보면 중의원에서 참의원의 회부안에 동의하지 않을

---

84) 比較立法過程硏究會, 前揭書, 289頁.

경우, 참의원에서 중의원의 송부안을 부결한 때 및 참의원에서 중의원의 회부안에 동의하지 아니하는 때에는 중의원은 양원협의회를 요구할 수 있도록 하고 있다. 참의원은 중의원의 회부안에 도의하지 아니하는 경우에 한하여 양원협의회를 요구할 수 있지만 중의원은 이 요구를 거부할 수 있도록 규정하고 있다. 즉 참의원이 먼저 가결한 법률안을 중의원이 부결한 경우에는 양원협의회를 개최할 수 없기 때문에 그 법률안은 폐기되게 된다.[85)]

6. 법률의 성립 및 공포 등

법안은 원칙적으로 양의원일치의 의결로 법률이 된다(일본국 헌법 제59조 제1항). 예외적으로 중의원에서 가결된 법률안이 참의원으로 송부되어 부결된 경우 중의원 출석의원 3분의 2이상의 다수로 재가결할 수 있는 중의원의 재의결(동법 제59조 제2항), 참의원의 긴급집회에 의한 의결(동법 제54조 제2항 단서) 등이 있다.

일본국 헌법 제7조 제1호는 천황의 국사행위로 법률의 공포를 정하고 있다. 이것은 천황의 의무라 할 수 있다. 일반적으로 공포의 성질에 대해서는 이것을 법률에 대한 적법한 제약이라는 확인과 법률의 유효성을 선언하는 행위라는 학설과, 공포는 법률 등의 표시행위에 지나지 않는다는 학설로 나누어지는데 뒤의 의견이 통설이다.[86)]

법률은 성립 후 후의원의 의장으로부터 내각을 경유하여 천황에게 제출된 날로부터 30일 이내에 공포되지 않으면 안된다(일본 국회법 제65조

85) 임종훈 외 3인, 앞의 책, 63면.
86) 민병로, 앞의 논문, 189면.

제1항, 제66조). 공포의 시기에 관하여 '30일 이내'라는 제한이 있는 것은 법령의 제정기관과 공포기관이 상이함으로 인하여 공포기관이 성립한 법령의 공포를 해태할 것에 대한 예방적 조치이다. 법률의 공포는 공포를 위한 각의결정을 거친 후에, 관보에 게재하는 방법으로 이루어진다.

IV. 법제기구

1. 내각법제국

내각법제국은 내가법제국법에 의하여 설치되어 정부제출 법률안의 심사를 담당하는 중추적인 기능과 내각의 법률고문 역할을 수행한다. 내각법제국은 정부제출 법률안, 하위법령 등을 입안·심사하며 그에 대한 의견을 첨부하고 필요한 수정을 가하여 내각에 상신하고 또한 법률문제에 관한 내각 및 내각총리대신·각성대신의 질의에 대하여 의견을 개진하며 이에 부수하여 국회의 법제에 관한 조사·연구업무를 담당한다.

내각법제국에서의 법률안 심사는 법률안 제출 전에 예비심사를 거친 다음, 각 성청으로부터 내각총리대신에게 제출되는 각의청의서를 회부받은 후에 정식으로 개시된다. 심사는 원안설명, 이에 대한 질의응답, 토론 등의 절차로 진행되는데, 원칙적으로 심사는 수회의 독회의 방식으로 이루어진다.[87]

---

87) 임종훈 외 3인, 앞의 책, 66면.

2. 의회법제국

일본의 의회에는 미국연방의회를 모델로 한 의회법제국이 설치되어 있다. 의원법제국은 행정부인 내각의 내각법제국에 대응하는 법제기구이다. 양원에 각각 설치되어 있다. 특히 중의원법제국은 법제집무적인 사무를 소장하는 독자적인 기관으로 미국과 일본 정도에서 설치하고 있다. 주요기능은 의원제출 법률안 및 위원회제출법률안을 위한 자료조사와 이를 근거로 한 법률안의 기초작업 및 의원이나 위원회에 대한 법률자문 역할이다. 즉 단순 입법보좌에 그치지 않고 입법정책 전반의 보좌역으로 기대가 높아지고 있다.[88]

의원법제국은 의원으로부터 특정 법률안의 작성을 의뢰받게 되면, 과장의 주관하에 과심사를 거쳐 과단계의 안을 만든다. 이를 결재를 거치면서 계속 재검토하여 최종안이 마련된다. 최종 안은 심사와 검토 과정에서 의뢰한 의원과 조율을 하기 때문에 의원법제국의 안에 대해 이의를 제기하는 경우는 거의 없다. 그러나 의원법제국의 심사를 거쳐 법률안이 완성되면, 재파 정당 내의 절차를 거쳐 최종적인 법률안이 확정된다.[89]

3. 조사입법고사국

조사입법고사국은 의회 도서관에 설치된 기구로서 위원회 또는 의원의 요구에 다른 법류란 및 평가 분석, 자료의 수집 등이다. 입법조사고

88) 민병로, 앞의 논문, 186면.
89) 比較立法過程研究會, 前揭書, 287-288頁.

사국은 의원이나 위원회의 요구에 따라서 이와 같은 조사활동을 하기도 하며, 이런 요구에 대응하기 위해서 자체적으로 조사활동을 하여 자료를 수집한다. 조사입법고사국은 조사의뢰에 대비하여 조사업무를 계속적으로 수행하고 그 결과로서 각종 간행물을 발간하여 배포한다.[90)]

4. 상임위원회 조사실

양원의 각 상임위원회는 거의 독립된 성격을 가지는 조사실을 두고 있다. 여기에서는 위원회에 회부된 법률안 등에 대한 조사 및 참고자료의 작성, 위원회가 발의하는 법률안 등에 대한 조사 및 기초작업을 한다. 그리고 본회의에서의 위원장의 보고서 작성 등 소관사항에 대한 조사 및 자료수집업무를 수행한다. 특히 조사실은 위원회에 부의된 법률안·예산안에 대한 검토를 통하여 각 안건에 대한 심사자료를 작성하는데 이는 실제 위원회의 심사시 위원들의 질의자료로서 많이 활용된다.[91)]

90) 임종훈 외 3인, 앞의 책, 67면.
91) 임종훈 외 3인, 앞의 책, 67면.

제5절 소 결

미국은 몽테스키외의 3권 분립이 모범적으로 지켜지고 있는 나라인 것으로 평가되고 있다. 입법과정에서도 견제와 균형의 원칙이 철저하게 지켜지고 있는 것으로 평가되어 진다. 모든 법안을 상·하 의원에 의해서 발의되는 것을 원칙으로 하고 있다. 그러한 법안의 발안은 미국 국민이 모두 할 수 있으며, 대통령을 포함한 행정부에서도 할 수 있다.

미국 행정부에는 우리와 같은 행정부의 법률안제출권이 인정되지 않는다. 즉 공식적으로 행정부의 법률안제출권이 인정되지 않으며 대통령의 거부권(Veto)만이 인정될 뿐이다. 그러나 대통령은 연두교서를 통해서 의회에 입법계획을 권고하고 수시로 법률인의 초안을 의회에 보냄으로써 입법안을 제시하는데 이러한 의미에서 정부제출은 법률안은 아니더라도 실질적으로 정부제안 법률안이 의회에 상당수 제출된다.

미국의 입법과정은 전형적인 위원회 중심주의를 채택하고 있는 것이 특징이다. 미국 의회의 위원회제도는 입법과정의 핵심 부분이며, 입법과정에서 제일 중요한 단계가 위원회심의과정이다. 위원회의 심사는 예비심사단계에 불과하지만 본회의는 위원회의 결정을 그대로 받아들이는 것이 일반적 경향이기 때문이다.

각 위원회 소속 의원들은 각자의 영역에서 전문적 지식과 경험을 토대로 높은 수준의 입법능력을 개발하여 행정부를 견제하고, 각종 조사기능을 통해서 다양하고 깊은 내용의 입법 자료를 확보하고 있다. 의원에 따라서는 능력에 따라 수십 명의 입법보좌관을 두고 있는 경우도 있다. 이를 통해서 양적으로 뿐만 아니라 질적으로 우수한 입법안 제출이 가능하다. 그리고 미국 입법과정을 보면 입법조사 등 입법과정에서 의원들을 보좌하는 기구들이 많이 발달되어 있다. 이들 입법보좌기구는 '보이지 않는 정부'라고 일컬어질 정도로 의회의 입법 활동에 많은 영향을 미친다.

입법과정에서도 각종 압력이나 이권단체가 법률안을 입안하여 의원에게 발의를 요청하는 경우 의원은 그러한 법률안에 요청에 의해서(by request)라는 문구를 첨부하여 그 점을 명확히 하여 그 과정을 투명하게 하여 제출할 수도 있다. 청문회 제도가 발달되어 있는 점도 특징이다. 위원회의 의결로 증인을 채택할 수 있음은 물론이고 소수당의원들도 청문회 기간 중 적어도 하루 동안 자신들의 증인을 소환할 수 있는 권리가 있다. 즉 미국 입법과정에서 청문회 제도를 통해서 입법이나 조사활동과정에서 이해관계 있는 자를 직접 참여시킴으로써 광범위한 정보를 수집하고 일반국민의 정확한 여론을 반영시킴과 국민들의 알권리를 충족시키는 기행을 수행한다.

군주제 국가인 영국은 국왕이 행정부의 수반이긴 하지만 사실상 통치하지 않고 있으며, 의원내각제 정치체제의 특징에 따라 헌정의 중심은 의회가 된다. 兩院制 국가이기 때문에 양원의 의사가 합치하지 아니할 때에는 하원의 의사가 우선시 되는 하원우위의 원칙이 확립되어 있다. 영국도 미국과 같이 의원만이 법률안을 제출할 수 있지만 의원이 각료를 겸할 수 있으므로 각료인 의원이 제출한 법률안은 정부제출 법률안이 되고, 일반의원이 제안하는 경우에는 의원발안 법률안이 된다. 이와 같이 볼 경우 입법과정에서 의회가 우위를 점할 것으로 예상되지만 의원발안법률안은 법안기초의 어려움 등과 같은 이유로 최종 법률안으로 성립되는 경우가 적으며 대부분의 법률안은 정부제출 법률안이다. 즉 입법과정에서 행정부의 내각이 의회보다 우위를 점하고 있다.

그리고 영국 입법과정에서는 법률안의 종류(공적법률안, 사적법률안,

혼성법률안)에 따라 심의절차가 다른 것이 특징이다. 공적법률안 중에서도 재정상의 수입·지출의 개정을 수반하는 금적법률안은 정부만이 제출할 수 있다. 원칙적으로 상·하원 모두 법률안을 발의할 수 있으나 예산지출이나 세제 등에 대한 법률안은 하원에서만 발의될 수 있다.

사적 법률안의 경우 의원에 의해서 제출되는 것이 아니라 사적 법률안의 제정을 희망하는 당사자에 의하여 사적 법률안의 제출허가를 요구하는 청원을 첨부하여 제출하기 때문에 의사규칙이 정하는 요건을 갖추었는지 청원심사관에 입증하는 절차에서 시작된다. 본회의에 제출된 이후에도 반대하는 의견이 있을 경우 그 법률안은 특별위원회에 회부되어 민사재판과 같은 준사법적 절차방식으로 심사가 이루어진다.

독일은 의원내각제 및 양원제의 구조적 특성에 따라 연방의회의원들뿐만 아니라 연방정부와 연방참사원도 법률안 제출권을 가지며, 연방국가적 이해관계의 조정과 법률의 집행가능성의 제고를 위하여 법률안 제출 단계에서 연방정부와 연방참사원이 서로 의견을 조율하도록 함으로써, 법률안 제출 절차가 우리나라의 법률안 제출 절차보다 복잡하고 신중하게 진행되도록 하고 있다.

연방의회의 법률안 심의 및 의견절차에서 우리나라의 법제사법위원회와 그 체계·자구심사절차에 상응하는 절차가 별도로 마련되어 있지 않다. 또한 연방정부와 연방참사원의 소속 공무원들이 본회의 및 위원회의 회의에 참석하여 법률안 심의에 있어서 연방의회의 전문성을 보완하고 법률 집행의 실효성을 제고하고 있다

연방의회의 위원회 회의가 원칙적으로 비공개인 것은 우리나라의 소위원회 회의가 사실상 비공개로 진행되는 현실과 크게 다르지 않지만, 우리나라의 경우 (소)위원회의 회의도 원칙적으로 공개하여야 한다는 점과 커다란 차이를 보이고 있다.[92] 더욱이 독일 연방의회도 우리나라의

국회와 마찬가지로 본회의 심의가 형식화되고 법률안 심의의 중심적인 역할은 위원회가 담당한다는 점에 비추어 볼 때, 위원회 회의가 원칙적으로 비공개로 진행된다.

독일의 입법절차는 전반적으로 우리나라의 입법절차보다 훨씬 더 복잡하고 정교하게 구성되어 있다.[93] 전문성과 3독회제도, 법률안 심의에 있어 요구되는 최소한의 기한들에 비추어 볼 때 신중성의 측면을 보다 많이 고려한 것으로 보인다. 이러한 측면에서 독일의 입법절차가 우리나라의 입법절차를 개선함에 있어서 참고해야 할 점들도 있을 것이다. 그러나 독일의 입법절차가 심의의 전문성을 충분히 고려한 것과는 대조적으로 국민에 대한 투명성 측면에서는 적지 않은 비판을 받고 있다는 점도 아울러 고려해야 할 것으로 보인다.

일본의 경우 의회가 중심이 되는 의원내각제 국가라는 점에서 의원입법이 많을 것으로 예상되나 사실상 제정되는 법률의 압도적 다수가 정부입법이다. 그 성립 비율도 높다. 내각에서는 총리대신이 내각을 대표해서 법률안을 제출하게 되어 있다. 법률안 원안은 심의회 등의 답신을 반영하여 관료에 의해 작성되어 여·야당 관계의원과 관련 성청(省廳) 간의 절충이 이루어진 후, 내각법제국의 심사를 거쳐 성안(省案)으로 확정된다. 그 후 법안은 대신결재, 사무차관회의, 각료회의의 결정을 거쳐 정식으로 국회에 제출되는데, 이 과정에서 반드시 거치지 않으면 안 되는 것이 여당의 심사이다.

국회의원 또는 내각에 의하여 국회에 제출된 법률안은 각각 중의원과 참의원에 보내져 법안의 내용에 따라 해당 상임위원회(또는 특별위원회)

92) 차진아, "독일의 입법절차에 관한 비교법적 고찰", 의정연구 제14권 제1호, 한국의회발전연구회, 2008, 117면.

93) 연방국가적 권력구조를 조정위원회에 의한 조정절차에 반영함으로써 독일 입법절차는 한층 더 복잡하고 정교하게 되었다.

의 심의에 부쳐진다. 즉 법안의 심의가 위원회 중심으로 이루어지고 있어 본회의 심의는 형식적인 요식행위에 불과하다. 국회에서의 심의는 예산관계법 이외에는 중·참의원 어느 쪽이 먼저 심의에 들어가도 상관이 없다. 또한 국회운영위원회가 인정한 중요 법안에 관해서는 본회의에서 설명을 하는 경우도 있고, 긴급을 요하는 경우에는 국회의 결의에 따라 위원회의 심의를 생략하는 경우도 있다.

그리고 입법과정에 미치는 내각 행정관료의 영향력이 크다. 정부제출 법률안의 경우에서는 당연한 결과이나, 의원입법의 경우에도 상당부분 행정관료와 협의 및 상호작용을 거치면서 법안이 성립되기 때문이다

제4장 국회 입법과정의 개선방안

제1절 현행 입법과정의 문제점

Ⅰ. 입법절차

1. 법안의 양적 증가와 질적 하락

(1) 입법 활동의 증가

의원입법은 양적으로 계속 증가를 하고 있다. 과거와 구체적 건수를 비교해보면 그 양이 폭발적이다.[1] 이와 같은 의원입법의 양적 증가는 국회의원의 성실한 입법 활동의 산물이라고 볼 수 있다. 하지만 법안의 성질과 내용을 보면 의원입법이 국민전체의 이익을 보호하는 경우도 있지만 그렇지 않고 일부 집단의 이익을 대표하는 입법 활동인 경우가 있다.

인터넷, SNS 등을 이용한 의사표시의 영향력 증가에 따라 포퓰리즘적 형태의 입법 활동도 증가하고 있다. 동일한 사안에 대해서 비슷한 시기에 여러 가지 법안이 제출되는 경우도 많다. 법안의 중요성이나 사회적

---

1) http://likms.assembly.go.kr/bill/jsp/main.jsp (검색일, 2014. 11. 17).

관심 증대에 따른 자연스러운 현상이 아니라 자신의 인기와 정치적 목적을 위해서 충분한 검토를 하지 않고 급하게 법률안을 제출하는 경우가 많다는 점이 문제이다.

그리고 의원입법안은 정부입법안과 달리 입법예고제가 적용되지 않아서 상대적으로 투명하지 않고 공개성이 떨어진다. 국회법에 공청회와 청문회 실시에 관해서 규정하고 있지만, 의원입법의 과정에서 공청회와 청문회가 열리는 경우가 많지 않다. 뿐만 아니라 입법단계에서 행정부와의 협조가 원활하지 않은 점도 문제이다. 법안의 집행은 결국 행정부에서 담당할 수밖에 없는데 순수 의원입법안의 경우 입법단계에서 행정부의 의견이 반영 정도가 낮아 집행가능성이 떨어지는 법률이 만들어질 가능성이 높다.

같은 이유로 의원입법은 부처간 협의가 이루어지지 않아 집행과정에서 문제가 발생하는 경우도 있다. 일부 의원입법안의 제출과정을 보면 행정부 내에서 정부입법안에 대한 부처 간 합의가 잘 이루어지지 않을 경우, 이를 회피하기 위해서 의원입법안 형식으로 법률안을 상정하는 경우도 많다. 입법안에 대한 심사가 상임위원회를 중심으로 진행되기 때문에 관련 행정부처와 소관 상임위원회가 협의하여 사실상 정부입법이나 형식은 의원입법안으로 제출되는 경우이다. 이러한 성직의 의원입법은 부처간 충분한 협의를 거치지 않기 때문에 법안 집행과정에서 문제가 발생할 가능성이 높다.

양적인 측면에서 폭발적 증가가 이루어진 것으로 평가받는 의원입법의 경우도 일부 내용의 개정에 해당하는 부분개정안의 제출이 많다. 다양한 전문가의 충분한 검토와 입법영향평가 등의 연구를 거친 법률안보다는 특수한 이해관계를 가지는 이익집단의 영향을 받아 제출되는 법률안에 해당하는 경우도 많다. 국가의 정책적 목표나 방향과 관계없이 개인적 정치적 목적이나 주관적 판단에 따라 입법 활동이 이루어지는 경우이다. 이러한 성질을 가지는 법안은 구체적 타당성이나 완성도가 떨어진다.

(2) 국회법 제79조 제2항

의원입법안의 질적 하락의 원인으로 입법이유가 개별 조문에 구체적으로 강제되지 않는 국회법 제79조 제2항의 내용이 지적되고 있다. 국회법 제79조 제2항은 "의안을 발의하는 의원은 그 안을 갖추고 이유를 붙여 소정의 찬성자와 연서하여 이를 의장에게 제출하여야 한다."라고 규정하고 있다. 국회법에 따라 모든 법률의 제·개정안에는 입법이유가 붙지만, 조문별로 구체적으로 붙일 필요가 없다. 따라서 대부분의 제정안 또는 개정안 전체에 대하여 개괄적으로 붙이고 있다.

입법이유는 입법안의 필요성과 정당성의 근거가 되는 중요한 자료가 된다. 시행과정에서 법 규정의 해석에 논란이 있을 경우 입법이유는 입법자의 의사를 명확하게 해주어 법 규정의 내용을 구체적으로 해석할 수 있는 기초자료가 된다. 따라서 현재 국회법상에 규정되어 있는 입법이유제도는 개괄적으로만 요구하고 있어 입법이유제도의 본래적 역할을 하지 못하고 있어 질적으로 낮은 대량 입법의 원인이 되고 있다.

2. 조정제도 부족과 입법과정의 비효율성

(1) 이해관계 조정제도의 부족

법률은 이해관계를 가지는 개인이나 집단의 요청에 의해서 제안되기 때문에 하나의 법률안에는 많은 이해관계자가 존재하게 된다. 입법과정은 이해관계를 조정하는 과정이라고 볼 수 있으므로, 입법과정에는 이해관계를 조정할 수 있는 제도적 장치가 필요하다. 이해관계가 첨예하게 대립되는 법률안일수록 이러한 절차가 필요하다. 입법예고나 공청회가 바로 이해관계를 조정하는 제도이다. 이해관계 조정절차와 의견수렴의 절차를 거치지 않을 경우 이해관계자의 심한 반발로 입법화되지 못하는 경우도 있다. 그리고 입법예고나 공청회 등의 이해관계 조정절차를 거치더라도 형식적이고 의견이 제대로 반영되지 못할 경우 입법과정에서 이해관계 조정의 효과를 기대할 수 없게 된다.

먼저, 입법예고는 국민의 알권리의 내용에 속한다. 입법예고를 통해서 '공개적이고 이성적인 토론을 통한 입법'이라는 입법원칙을 실현할 수 있다.[2] 정부입법의 경우, 행정입법예고를 의무적으로 하여야 한다(행정절차법 제41조 제1항). 의원입법의 경우에도 그 입법 취지와 주요 내용 등을 국회공보 또는 국회 인터넷 홈페이지 등에 게재하는 방법 등으로 입법예고하여야 한다(국회법 제82조의2). 정부입법 및 의원입법 모두 예외적 경우에는 입법예고를 하지 않을 수 있다. 긴급을 요할 경우 입법예고를 하지 아니할 수 있고, 이 경우 국민들이 법률안의 입안사실을 잘 알 수 없게 된다.

---

2) 이상영, "입법의 원칙에서 본 한국의 입법자와 입법과정 분석", 입법학연구 창간호, 2000. 10, 225면.

공청회 및 청문회는 제정법률안이나 전부개정법률안에 대해서 개최한다(국회법 제58조 제6항). 문제는 이 경우에도 위원회의 의결로 생략이 가능하여(국회법 제58조 제6항 단서), 이해관계조정의 기능으로서 부족하다. 실무상으로도 위원회의 의결로 공청회를 생략하는 경우가 많다. 공청회가 국민들과 전문가의 의견수렴을 통해서 실질적으로 이해관계의 조정제도로서 기능을 갖기 위해서는 국회법의 개정 등의 보완책이 필요하다.

입법과정에서는 개인이나 집단의 이해관계 조정을 포함해서 정부 부처간의 이해관계 조정도 중요하다. 법률안의 주무부처는 법률안이 작성되면 그 내용과 관련이 있는 다른 부처와 협의하고 필요한 경우에는 그 내용을 조정한다. 특별한 경우를 제외하고는 관련 부처에 10일 이상의 의견회신기간을 주어야 한다(법제업무운영규정 제11조 제4항).

정부는 국가의 중요정책사항이나 국민생활에 중대한 영향을 미치는 법령을 입안하는 경우에는 여당과 당정협의의 방식으로 협의를 하고 있으며, 필요에 따라 야당에도 다양한 방식으로 협조를 구하기도 한다. 이와 같은 절차를 통해서 정부 부처간 이해관계를 높이고 보다 합리적인 정책대안의 모색과 국회에서 원활한 입법추진이 가능하다.

그러나 정부입법의 실제 진행과정을 보면 각 행정부처간 협업이 원활하지 않거나 반대로 필요한 입법이 제때 이루어지지 못하는 경우가 있다. 국가의 중요정책 추진에 필요하거나 국민 생활에 직접적 영향을 주어 꼭 제정되어야 할 법률이 부처 간 협업 부족이나 이기주의로 이해조정이 원활하지 않아 처리되지 못하고 무산되는 경우를 방지할 수 있는 제도적 방안이 필요하다.

(2) 전체 입법과정의 비효율성

현대 사회의 복잡·다양화는 국회에 대한 입법요구의 증가로 이어지고 있다. 이로 인해서 새로운 입법과 기존 입법의 개정이 필요한 경우가 많다. 이러한 시대적 상황을 반영하여 의원입법이든 정부입법이든 법안 제출 건수가 증가하고 있다. 그러나 필요 이상으로 많은 법률안의 제출은 국회 전체적으로 법안심의과정의 효율성을 저하시킨다. 이와 같은 현상은 법률안에 대한 가결률의 하락의 원인이 되고 있다.

최근 법률안 제출 건수 증가의 가장 큰 원인은 의원입법의 증가이다. 의원입법이 증가 이유는 다음과 같다. 첫째 국회의원의 질적 향상과 입법 활동 증가이다. 국회의원의 질적 향상으로 국회의원 본연의 임무인 법률제정을 중요하게 인식하게 된 것이다. 국민의 대표기관인 국회의 역할이 중요성이 부각되고 국회의원들도 이를 인식하게 된 것이다.

둘째, 민주주의와 법치주의의 확립이다. 국회의원의 입법 활동 증가의 원인으로 우리나라의 민주주의와 정치상황의 변화도 원인으로 분석된다. 민주화 이전의 권위주의시대에는 법보다는 정치가 우선시 되었다. 법치주의가 정착되면서 정책의 추진이나 결정 등 국가의 모든 활동이 법을 통해서만 가능하게 되었다. 국회의원에 대한 입법요구가 증가하고 동시에 입법 활동도 활발하게 된 것이다.

셋째, 언론, NGO 등 입법감시기관의 적극적 활동도 원인으로 분석된다. 국회의원의 입법 활동이 활발하게 된 원인으로 언론이나, NGO 등 시민단체들의 국회에 대한 적극적 평가나 입법감시 활동이 국회의원의 입법 활동에 영향을 미치고 있다. 언론이나 시민단체에서 국회의원을 평가할 때 의원별 법률안 발의 건수 등을 의정활동을 평가하는 주요 지표로 삼기 때문에 국회의원의 법률안 발의 건수가 늘어난 것으로 평가되다.

넷째, 국회법 개정으로 법률안 발의 정족수를 완화한 것도 원인으로 분석된다. 법안발의 정족수를 10명으로 완화한 것은 의원발의 입법 활동을 활성화하기 위한 것으로 교섭단체를 형성한 정당과 소수정당에게도 법률안 제출권을 주기 위해서였다. 이와 같은 국회법 개정으로 법률안 발의 건수가 증가하게 되었다.

그리고 국회의원의 법안발의 요건이 완화되는 등 위와 같은 다양한 원인으로 국회의원의 법안발의 건수는 폭발적으로 증가하였다. 특히, 사회적 이슈가 되는 사안의 경우는 물론이고 일반적 사안임에도 이해관계를 달리하는 여러 명의 국회의원이 각각 법안을 발의하는 경우가 많다. 이러한 현상은 국회에서의 법안처리에 효율성을 저하시키는 원인이 되고 있다. 국회의원이 자신의 의정활동 홍보와 선거에 활용하기 위해서 숙고하지 않고 입법안을 남발하는 경우도 많다. 의원입법의 증가를 국회의원이 본연의 역할에 충실한 것으로 평가할 수도 있으나 과도한 증가는 국회의 효율적 운영과 법률의 질적 측면에서 문제점으로 지적된다.

전체 건수가 절대적으로 많음은 물론, 법률안이 특정시기에 집중되어 제출되는 경우도 국회 비효율화의 원인이 되고 있다. 법률안이 특정시기에 몰려서 제출되면 제한된 시간 안에 많은 법률안을 검토하여 처리하여야 하는 어려움이 발생하게 된다. 특히 법률안이 9월 정기국회 전후에 집중됨으로 인해서 법률안의 심도 있는 검토가 어렵게 된다. 졸속입법의 과정을 거친 법률은 집행과정에서 문제점이 많게 되고 이를 보완하기 위해서 개정법률안을 다시 제출해야 하는 악순환이 발생한다. 이러한 현상은 시간적면·경제적면 등 국회의 비효율성의 원인이 된다.

(3) 입법 보좌기관과 연계 및 지원 부족

법률안 제출을 준비하는 과정에서 목적과 내용이 헌법에 부합하는지, 기성 법률과 상충되지 않는지, 예산확보는 가능한지 검토하여 법률안에 반영해야 한다. 법률을 입안하는 과정에서 이와 같은 절차를 가능하게 하는 입법 보좌기관이 필요하다. 국회에는 의원들의 입법을 지원하기 위하여 국회사무처에 법제실을 두고 있다. 2007년에는 국회 입법조사처를 신설하여 운영하고 있다.

그러나 질적인 면에서 문제점이 있는 의원입법안이 난립하는 이유로 입법 보좌기관이 제 역할을 못하고 있기 때문이라고 분석된다. 입법과정에서 지원 부족 등으로 정부 부처와 협의를 거치지 않고 법률안이 제출되어 의결된 경우, 국회의원이 독자적으로 법률안을 발의하는 경우에는 정부 부처 간에 서로 다른 의견이 나와서 정부 부처 간에 갈등을 초래하는 경우가 발생한다. 따라서 입법 보좌기관이 국회의원의 입법 활동을 충분히 지원할 수 있게 조직을 마련하고 독립적 운영이 보장되어야 한다.

3. 본회의 심의 · 의결

(1) 본회의 수정안 제출제도의 폐해

국회법 제95조 제1항은 "의안에 대한 수정동의는 그 안을 갖추고 이유를 붙여 의원 30인 이상의 찬성자와 연서하여 미리 의장에게 제출하여야 한다. 그러나 예산안에 대한 수정동의는 의원 50인 이상의 찬성이 있어야 한다."고 규정하고 있다. 본회의에서 법률안을 심의할 때 소관 상임위원회 위원이 아니었던 의원이라 할지라도 그 법률안에 대하여 다른 견해를 가지고 있을 경우에는 수정안을 제출할 수 있다.

본회의 수정안 제출제도는 본회의 활성화와 심의권을 강화할 수 있다. 본 회의에서 수정안을 제출할 수 있으므로 소관위원회의 잘못된 입법안 회부를 통제할 수 있다. 그러나 국회법에서 규정하고 있는 상임위원회 중심주의와는 충돌하는 등 다음과 같은 문제점이 있다.

첫째, 본회의 수정안 제출제도는 상임위원회의 법률안 심사권을 침해할 수 있고 상임위원회에서의 법률안에 대한 심도 있는 논의를 저해할 수 있다. 상임위원회에서 공청회, 청문회 등의 절차를 거쳐 확정되어 본회의에 상정된 법률안 일지라도 의원 30인 이상이 연서로 찬성하면 수정안을 제출할 수 있기 때문이다. 국회법에서 의원 30인의 연서를 요건으로 하고 있지만, 본회의에서 제출된 수정안은 이해관계 조정이나 검토를 거치지 않은 이해관계에 따라 만들어진 졸속안일 가능성이 높다. 이와 같이 본회의 수정 동의안 제출제도에 의해 소관 상임위원회 법률안 심사권이 침해될 가능성이 있다.

둘째, 국회 입법과정에서 거쳐야하는 절차규정의 회피수단으로 악용될 수도 있다. 국회법은 상임위원회의 법률안 심사권의 실질화를 구현하고 다양한 이해관계의 반영과 졸속입법 방지를 위해서 공청회, 청문회 등 다양한 절차를 규정하고 있다.[3] 그러나 국회법 제95조 제1항에 의할 경우 상임위원회의 심의결과와 관계없이 본회의에서 의원 30인 이상만 동의하면 그에 대한 수정안을 제출하여 표결처리를 할 수 있어 상임위원

3) 위원회를 거쳐 본회의에 법률안을 상정하기까지 대체토론, 공청회·청문회, 법안심사소위원회의 심사 및 보고, 축조심사, 찬반토론 등의 절차를 거쳐 본회의 상정여부를 결정한다. 그리고 발의 또는 제출된 법률안이 위원회에 회부된 후 일부개정 법률안은 15일, 제정 법률안 및 전부개정 법률안의 경우에는 20일을 경과하지 아니한 때에는 원칙적으로 이를 의사일정에 상정할 수 없다.

회 심의시 필요한 공청회 청문회 등의 절차를 회피하여 법률안을 입안하는 수단이 되기도 한다.

셋째, 본회의 수정안 제도에서 법률안을 수정할 수 있는 권한의 범위도 문제가 된다. 수정의 권한이 어디까지인지 국회법상 구체적 규정이 없어, 해석을 통해 정할 수밖에 없어 문제점으로 지적된다. 본회의에서 수정할 수 있는 권한을 원안의 기본적인 내용을 변경하지 않고 동일성이 인정되는 범위 내에서 추가, 변경, 삭제하는 범위에서 수정안이 성립 가능하다는 소극설과, 수정의 개념을 넓게 해석하여 동일성이 인정되는 범위 내에서 원안의 추가·삭제·변경뿐만 아니라 원안이 본래의 취지를 상실하고 전혀 다른 의미로 변경되는 정도에까지 이르지 않는다면 이를 본회의 수정안으로 볼 수 있다는 적극설이 있다.

이와 관련하여 우리 헌법재판소는 국회의장이 방위사업청 신설을 내용으로 하는 의안을 복수차관제와 일부청의 차관급 격상을 내용으로 하는 정부조직법 개정안의 본회의 수정안으로 보고 처리한 것이 국회법에 위반이 아닌지 문제가 된 권한쟁의 사안[4]에서 적극적 견해를 취하였다. 그리고 금융지주회사법 수정안이 국회법 제95조가 정한 수정동의에 해당하는지 여부가 문제된 사안[5]에서 "국회법상 수정안의 범위에 대한 어떠한 제한도 규정되어 있지 않은 점과 국회법 규정에 따른 문언의 의미상 수정이란 원안에 대하여 다른 의사를 가하는 것으로 새로 추가, 삭제 또는 변경하는 것을 모두 포함하는 개념이라는 점에 비추어, 어떠한 의안으로 인하여 원안이 본래의 취지를 잃고 전혀 다른 의미로 변경되는 정도에까지 이르지 않는다면 이를 국회법상의 수정동의에 해당하는 것으로 볼 수 있다."라고 하면서 적극적 견해를 취하였다.

4) 헌재2006. 2. 23. 2005헌라6, 국회의원과 국회의장 간의 권한쟁의.
5) 헌재2009. 10. 29. 2009헌라8, 국회의원과 국회의장 간의 권한쟁의.

헌법재판소와 같이 수정안 제출의 권한을 적극적으로 해석할 경우 본회의 수정안 제출제도를 통해서 위원회 심사를 회피하거나 위원회의 법률안 심의권을 침해할 수 있기 때문에 본회의 수정안 제출권을 어느 정도까지 인지할 것인지 여부가 문제된다.

(2) 전원위원회제도의 유명무실화

국회법 제63조의2 제1항은 "국회는 위원회의 심사를 거치거나 위원회가 제안한 의안 중 정부조직에 관한 법률안, 조세 또는 국민에게 부담을 주는 법률안등 주요의안의 본회의 상정전이나 본회의상정후에 제적의원 4분의1 이상의 요구가 있는 때에는 그 심사를 위하여 의원전원으로 구성되는 전원위원회를 개회할 수 있다. 다만, 의장은 주요의안의 심의 등 필요하다고 인정하는 경우 각 교섭단체대표의원의 동의를 얻어 전원위원회를 개회하지 아니할 수 있다." 라고 규정하고 있다. 본회의 의결 전 단계 심의과정으로서 상임위원회의 소위원회와 유사한 전원위원회제도를 채택하고 있다.

전원위원회제도는 소관 상임위원회 중심주의원칙에서 발생할 수 있는 문제점을 극복하고 소관 상임위원회 활성화에 따라 저하된 본회의 법률안 심사기능을 활성화하기 위해서 도입되었다.[6] 국민생활에 중대한 영향을 미치는 안건에 대해서 해당 상임위원회의 결정 및 심의 내용에 구애받지 않고 의원 전원의 참여로 보다 깊은 심사가 이루어지고 이 과정

6) 전원위원회제도는 1948년 제정국회법에서 도입되어 제4대국회 때까지 16회에 걸쳐 구성되었으나, 본회의와 중복, 국회결의로 예산안에 대한 전원위원회 심사 생략에 따라 유명무실하게 되어 제9차 국회법 개정(1960년 9월 26일)에서 폐지된 바 있다. 그리고 2000년 2월 재도입되었는데, 그 이후로 한 번도 열리지 않다가 2003년 3월 이라크 파병동의안 처리와 관련하여 전원위원회가 열린 바 있다.

에서 보다 광범위한 민의가 반영되도록 하기 위해서이다.[7)]

그러나 전원위원회가 도입된 2000년 이후 거의 열리지 않다가 2003년 3월 이라크 파병동의안 처리와 관련하여 처음 전원위원회가 열린 바 있으며, 최근 세월호 관련 특별법 제정문제로 국회가 난관에 봉착했을 때 전원위원회를 통해서 논의해보자고 하면서 검토된 사실이 있다. 이와 같이 전원위원회는 사실상 유명무실화 상태인데, 전원위원회제도에 대한 이해의 부족과 국회 본회의의 형해화의 심화에 따른 것으로 보이며, 경우에 따라서는 전원위원회가 정쟁의 수단으로 활용될 수도 있다.[8)]

따라서 재원위원회 도입 취지와 같이 본회의의 법률안 심의권을 내실화 하고 상임위원회 중심주의 법률안 심의에서 발생할 수 있는 문제점을 해결하기 위해서 국회법 제63조의2에 규정되어 있는 전원위원회제도의 활성화가 필요하다. 외국의 경우를 보면 미국에서는 하원에서 연방정책과 관련하여 조세의 부과나 예산지출을 수반하는 공적 법률안(public bills)은 반드시 전원위원회 심사를 거친 다음 본회의에 심의되도록 하고 있다. 이와 같은 경우를 볼 때, 우리나라도 주요 법안에 대해서는 전원위원회 심의를 거치도록 하는 전원위원회 활성화 조치가 필요하다.

---

7) 미래한국재단, 정치개혁의 종합적 추진전략, 2005, 235-236면.
8) 석인선 외 3명, "국회입법과정의 혁신에 관한 연구", 국회운영위원회, 2007, 87면.

II. 입법내용

1. 위헌법률에 대한 사전적 통제수단의 미흡

입법과정에서 법률안에 대한 위헌성 여부 심사는 매우 중요하다. 법률의 입안시 위헌성에 대한 충분한 검토를 하지 않고 시행하여 위헌성에 대한 논란이 발생하여 시행과정에서 큰 혼란이 발생할 수 있다. 특히 헌법재판소에 의해서 위헌법률에 대한 사후적 통제가 강화되고 있는 시대적 흐름에 비추어 볼 때 위헌성에 대한 사전심사의 절대적으로 필요하다.

국회의 입법형성의 자유는 헌법 및 헌법원리에 기속되는 범위 내에서의 자유이다. 따라서 국회의 법률제정권은 헌법상 저법절차의 원리, 비례의 원칙(과잉금지의 원칙) 등에 합치되어야 한다. 법률은 헌법에 합치하여야 하기 때문에, 법률이 헌법의 개별적·구체적 규정에 위배되어서도 아니 될 뿐만 아니라 헌법이 추구하는 기본원리에도 위반되어서는 안 된다. 뿐만 아니라 헌법 제6조 제1항의 국제법존중주의에 합치되어야 한다. 국회의 법률제정권의 한계를 일탈한 법률은 위헌법률심판·헌법소원심판 등을 통하여 위헌·무효가 된다.

입법과정에서 위헌성 심사의 중요성에도 불구하고 위원회심사 단계에서 이루어지는 공청회와 청문회는 위헌성 심사로서 충분하지 않다. 지금과 같이 전문기관으로부터 위헌성 여부에 대한 심사를 거치지 않을 경우 국회에서 입법된 많은 법률이 위헌성 시비에 휘말릴 수 있다. 입법과정에서 위헌성 문제는 학계에서나 언론에서 제기되는 경우도 있지만, 행정부나 입법부 즉 내부에서부터 먼저 검토되는 것이 바람직하다. 그리고 법률의 위헌성 시비에서 보다 자유롭기 위해서는 이를 전담하는 기관을 설립하여 사전에 논의하는 것이 필요하다.

2. 표현의 명료성, 단순성, 정확성 부족

입법과정에서 조문 등의 내용은 표현이 명료하고 단순해야 하며, 정확할 필요가 있다. 법령상 용어의 순화작업을 통해서 국민을 편리하고 하고 권익증진을 할 수 있다. 법률은 일반 상식을 가진 국민이라면 누구라도 쉽게 그 의미를 파악할 수 있도록 표현되어야 한다. 불명확한 법률은 집행과 사법의 단계에서 혼란을 야기하거나 국민에게 불이익을 줄 수 있다. 특히 형벌을 정하거나 권리를 제한하는 법률은 더욱 그러하다.

그리고 법률은 가능한 단순하게 작성되어야 한다. 국민의 입장에서 법률의 의미를 쉽게 이해할 수 있어야 한다. 특별한 지식이나 전문가만이 이해할 수 있는 용어와 표현을 사용하는 것은 문제가 있다. 이러한 부분은 용어의 선택뿐만 아니라 법률 문장의 구성에도 같게 적용된다. 또한 법률은 정확하게 작성되어야 한다. 법률이 의도하는 바가 정확하게 표현되지 않으면 입법목적을 달성할 수가 없다.

최근에 제정되는 법률을 보면 과거와 달리 이해하기 쉬운 용어와 표현을 사용하고 있지만 일반 국민에게 법은 여전히 이해하기 어렵고 난해한 것으로 인식되고 있다. 따라서 입법과정에서 절차적·형식적 부분을 준수하는 것 못지않게 표현의 명료성과 단순성 및 정확성에도 신중을 기할 필요가 있다.

III. 국민의 참여기회 확대 필요

법은 국민의 대표기관이 국회에서 만들어진다. 과거에는 국회의원이 속해있는 국회에 모든 것을 믿고 권한을 위임하였으나 지금은 국민의 참여와 통제가 강화되고 있다. 대의민주주의는 민주주의 국가의 기본원리가 되었다. 직접민주주의를 구현하는 것이 현실적으로 어렵기 때문에 차선의 선택으로 대의민주주의를 채택하고 있는 것이다. 그러나 현대는 대의민주주의의 위기로 불릴 만큼 여러 가지 문제점이 나타나고 있다. 이러한 이유로 입법과정에서 국민의 참여기회 확대가 필요하다. 구체적인 이유는 다음과 같다.

첫째, 국회의원은 국민의 선거에 의해 직접 선출되지만, 그에게는 국민과 동일한 이익이 있을 뿐만 아니라 국민의 이익과 같지 않은 그 개인의 이익이 있다. 국민의 이익과 자신의 이익이 충돌할 때 그는 국민의 이익을 포기하고 자신의 이익을 위할 수도 있다.

둘째, 현대 의회에서 대표자 정당의 공천에 의해서 선출된다. 정당에는 각 정당의 이익이 있으며, 정당의 이익과 국민의 이익이 언제나 같은 것은 아니다. 이 경우 대표자는 차시 선거에서 공천을 받기 위해서 국민의 이익보다 정당의 뜻에 따른 선택을 할 수 있다.

셋째, 대표기관이 문제를 결정할 때는 다수결의 원칙에 따라 소수가 다수에 복종하여야 한다. 이 경우 소수인의 권익이 때로는 보호를 받지 못하는 경과가 발생하게 되는데, 이를 방지하기 위해서 입법과정에 국민의 직접 참여가 필요하다.

넷째, 대표기관의 주요 역할과 기능은 법률의 제정과 국가의 중요 정책이나 문제를 결정하거나 집행부를 통제 및 감독하는 것이다. 법률과 정책의 집행기능은 정부에 있으며, 정부의 행위는 가장 광범위하게 가장 직접적으로 국민의 이익과 연계된다. 정부가 정책 집행 및 그 과정이 민의에 부합하는지 대표기관은 항상 감독할 수가 없다. 이에 따라 국민의 직접 참여기회 확대가 필요하다.

다섯째, 과학기술의 빠른 발전과 함께 각종 사회적 문제는 갈수록 복잡·다양해지고 있다. 대표기관의 대표는 행정부의 담당 공무원 정도의 전문지식과 경험을 갖지 못하기에 이런 문제들을 직접 완벽하게 처리하기 어렵다. 이로 인해서 행정기관에서 행정법규를 제정하고 규범성 문건을 공포하는 등 많은 권한을 행정기관에 재위임하는 방법으로 처리하고 있다. 대표기관의 입법권, 결정권, 감독권이 축소되며 집행부의 권한이 확대된다. 끊임없이 확장되고 팽창한 행정권은 효과적인 감독이 없다면 부패를 피할 수 없게 된다. 이와 같은 이유로 국민의 직접 참여기회 확대가 필요하다.

국민들의 참여 확대가 이런 문제들을 해결할 수 있는가에 대한 의문을 제기할 수도 있지만 국가정책의 결정과정이나 집행과정에 주권자인 국민의 참여는 당연한 권리로 간주되고 있고 효과도 긍정적이다. 입법과정에서 국민의 참여기회를 넓혀 이상적 민주주의에 한 발짝 다가갈 수도 있을 뿐만 아니라 위와 같은 현실적 문제를 해결하는데 도움이 될 것이다.

제2절 입법과정의 개선방안

Ⅰ. 입법절차

1. 입법이유제도 강화

입법이유는 입법이 필요한 필요성의 근거가 된다. 법 규정의 의미, 적용범위 및 효력을 명확히 하여 입법심사자 및 입법자의 정확한 결정을 돕는 기능을 한다. 그리고 시행과정에서 법 규정의 추상적 성질에 따라 해석의 문제가 발생했을 때 입법자의 의사를 파악할 수 있는 중요 자료가 된다. 이러한 점을 감안하여 입법이유는 조문별로 제시할 필요가 있다.

그러나 현행 국회법은 입법이유를 조문별로 구체적으로 제시하도록 요구하고 있지 않다. 국회법 제79조 제2항을 개정하여 의안 발의시 이유를 조문별로 구체적으로 붙이게끔 할 필요가 있다. 개선방안을 통해서 조문별 입법취지를 명확히 하는 효과와 법률안 발의에 신중을 기할 수 있다. 그리고 구체화된 입법이유를 통해서 법안 심사과정에서 실효성을 기할 수 있다.

2. 이해관계조정제도의 강화

(1) 입법예고제도의 강화

입법예고제도는 국민의 권리 의무 또는 일상생활과 밀접한 관련이 있는 법령 등을 제정·개정·폐지하는 경우에는 입법안의 취지 및 주요 내용을 미리 예고하여 입법 내용에 대한 문제점을 검토하여 국민의 의사를 수렴 반영하여 국민의 입법 참여기회를 확대하기 위한 제도이다. 국회 위원회에서 회부된 법률안은 그 입법취지와 주요 내용 등을 국회공보 또는 국회 인터넷 홈페이지 등에 게재하는 방법 등으로 입법예고해야 한다. 하지만 입법이 긴급을 요하는 경우, 입법 내용의 성징 또는 그 밖의 사유로 입법예고를 할 필요가 없거나 곤란하다고 판단되는 경우에는 위원장이 간사와 협의하여 입법예고를 하지 않을 수 있다.[9)]

입법예고기간은 일부 개정법률안의 경우 10일 이상, 제정법률안 및 전부 개정법률안의 경우 15일 이상으로 하며, 특별한 사정이 있는 경우 단축할 수 있다(국회 입법예고에 관한 규칙 제4조). 입법예고된 법률안에 대하여 의견이 있는 자는 입법예고기간에 문서 또는 국회 등 홈페이지에 게재하는 방법으로 소관위원회에 의견을 제출할 수 있다. 우리나라는 국회의 입법예고를 효율적으로 시행하기 위해 국회입법예고시스템을 구축·관리하고 있다. 입법예고의 시기, 방법, 절차, 그 밖에 필요한 사항은 국회규칙으로 정한다(국회법 제82조의2 제3항).

이와 같은 입법예고제도는 국민의 알권리를 보장해줄 뿐만 아니라 제정되는 법 자체의 정당성을 부여하는 기능을 한다. 따라서 국회법 제82조의2 제1항, 제2항 및 국회 입법예고에 관한 규칙 제4조를 개정하여 입법예고를 아니할 수 있다는 예외적 규정과 특별한 사정이 있을 경우에는 예고기간을 단축할 수 있다는 내용을 삭제하는 등 입법예고제도의 취지를 훼손하는 내용의 개선이 필요하다.

---

9) 허영, 앞의 책, 939면.

(2) 입법공청회제도의 실효성 확보

국회의 위원회는 제정법률안 및 전문개정법률안에 대하여는 공청회를 개최하여야 하며(국회법 제58조 제6항), 중요한 안건 또는 전문지식을 요하는 안건을 심사하기 위하여 공청회를 열 수 있다(국회법 64조). 즉 위원회는 제정법률안 및 전부개정법률안에 대해서는 원칙적으로 공청회를 개최해야 한다.[10] 공청회는 국가나 지방자치단체의 의사결정과정에 국민을 참여시킴으로써 민주주의의 요청에 부응하는 제도라고 할 수 있다.

그러나 공청회는 국회법 제58조 제6항 단서 조항에 의해 위원회의 의결로 이를 생략할 수 있다. 국회법은 공청회를 규정하면서도 공청회를 피할 수 있는 방법을 같이 만들어 놓고 있다. 이로 인해 공청회제도가 제 기능을 하지 못하고 있으므로 국회법 제58조 제6항 단서 조항을 삭제하여 모든 법안은 예외 없이 공청회를 실시하도록 하는 것이 필요하다. 만일 예외를 규정하더라도 지금보다 더 엄격하게 규정할 필요가 있다. 또한 공청회제도의 실효성을 확보하기 위하여 공청회에서 제시된 의견을 첨부하여 본회의에 보고하도록 의무화하는 것도 방안이 될 수 있다.

그리고 재판과정에서 당사자는 판사 앞에서 자기에게 유리한 근거를 들어 자기의 주장을 펴듯이 입법과정에 있어서도 어느 법안의 통과나 그 저지에 이해관계를 가지는 사람들이나 단체가 이유를 들어 그 법안의 통과나 저지를 주장하여 결정권자(국회)가 최종적으로 따라줄 것을 목표로 하는 입법변론제도의 도입도 고려해 볼 수 있을 것이다.

---

10) 허영, 앞의 책, 940면.

(3) 입법청문회제도의 실효성 제고

위원회는 제정법률안 및 전부개정법률안에 대하여 국회법 제58조 제6항 및 제64조 제1항에 의해 입법청문회를 개최하도록 규정하고 있다. 그러나 입법청문회의 경우에도 입법공청회와 같이 위원회의 의결로 공청회를 생략할 수 있도록 규정하고 있다. 이와 같이 단서 조항을 두어 예외를 인정함으로 인해서 입법청문회제도의 실효성을 떨어뜨리고 있다.

바람직한 입법을 위해서는 입법을 주장하는 측이 주도가 되어 개최되어 일방적인 의견으로 진행되는 공청회 보다 입법청문회의 개최를 통해서 법안을 심도 있게 진행할 필요가 있다. 따라서 국회법 제58조 제6항의 단서조항을 삭제하는 등의 개선이 필요하다. 한편으로 입법청문회를 통해 절차가 지연되고 논쟁이 격화되는 등의 부작용이 발생할 수 있다. 따라서 논쟁적 요소가 큰 법률을 대상으로 할 경우에는 청문회의 개최에 일정한 제한을 두는 것이 필요 할 수도 있다.

(4) 정부의 부처 간 이해관계 조정 강화

정부 내의 여러 부처가 관련되는 법령은 부처 간의 협의가 잘 이루어지지 않아 신속한 입법이 요청됨에도 원활하게 이루어지지 못하거나 입법과정이 비효율적으로 진행되는 경우가 있다. 그리고 정부가 마련한 법률안을 의원의 이름으로 제출하는 형식만 의원입법인 경우가 많다. 정부입법을 하는 경우의 복잡한 입법예고절차나 규제개혁위원회의 규제심사절차 또는 부처협의절차를 회피할 수 있기 때문이다.

절차회피적 의원입법이 발생하지 않도록 하기 위해서 의원발의 법률안에 대한 절차적 통제강화도 필요하지만 법령의 개정이나 제정의 사안일 경우에는 비상설기구로 관계 부처 간 합동으로 법령심의위원회를 설치하여 이를 통해서 부처 간 이해관계를 조정 강화하는 방안을 고려해 볼 수 있다.

3. 입법과정의 효율성 제고

(1) 중복입법 방지

의원발의 법률안의 경우, 정부제출 법률안에 비하여 소수자의 권리를 보호하거나 소외계층을 지원하는 긍정적 역할을 하고 있으며, 사회적으로 중요한 입법과제를 주도하는 등 장점이 많다. 그러나 이러한 장점이 있음에도 전후사정의 고려나 구체적 계획 없이 인기영합식의 중복제출로 부작용이 발생하는 경우가 많다. 이를 보완하기 위해서 정당 소속 국회의원일 경우 상임위원회 소속별로 특화 내지 전문화하거나 법률안 제출분야를 의원별로 구분하여 정책주제별로 법률안 제출을 유도하도록 제도화하는 것도 방법이다. 또한 국회의원의 의정활동을 평가할 때 단순히 법률안 제출하거나 발의 건수만을 평가지표로 삼기보다는 제출된 법률안의 내용이나 질을 주요 평가지표로 함으로써 의원 간 경쟁적으로 법률안을 제출하는 실적 부풀리기를 방지할 수 있다.

(2) 입법지원조직의 확충 및 전문성 제고

국회 법제실은 의원발의 법률안의 입안·검토와 법제와 관련된 주요 현안의 분석, 행정입법의 분석, 위헌판결의 분석과 법제관련 자료발간 등의 업무를 수행함으로써 의원입법을 지원하고 활성화하는 기능을 담당하고 있다. 그러나 국회 법제실은 입법지원조직 의로서의 역할을 다하지 못하고 있다. 국회 법제실을 의원입법을 실질적으로 지원하기 위한 체계로 구축할 필요성이 있다.

2007년에는 국회입법조사처가 설치되어 국회나 국회의원의 입법을 지원하고 있지만, 규모나 인원이 미흡한 것으로 평가되고 있다. 국회입법조사처가 제 역할을 하기 위해서는 입법조사관을 증원하고, 입법지원 업무를 더욱더 전문화할 필요가 있다. 그리고 입법과정에서의 효율성을 높이기 위해서는 무엇보다도 입법전문가를 양성 교육이나 프로그램도 필요하다.

4. 본회의 심사기능의 강화

(1) 수정안 제출제도

국회법 제95조는 의원 30인 이상이 동의할 경우 수정안을 제출할 수 있다고 규정하고 있다. 국회법에서 수정의 의미와 범위에 대한 구체적인 규정은 없으나 의안에 대한 수정동의는 원칙적으로 원안 또는 위원회안의 취지 및 내용과 직접 관련성이 있어야 한다.[11] 이와 관련해서 헌법재판소는 “수정안은 원안과 동일성이 인정되어야 한다는 좁은 의미의 해석보다는 원안에 대해서 다른 의사를 가하는 것으로 새로 추가·삭제 또는 변경하는 것을 모두 포함하는 것으로 넓게 해석해서 국회법 제95조에 의한 수정안 해당 여부를 판단해야 한다.”라고 하면서 국회의 법률

11) 헌영, 앞의 책, 941면.

안심의의 자율권 등을 이유로 수정안의 범위를 넓게 인정하고 있다.[12)]

헌법재판소의 판결 취지에 따를 경우 수정안이 원안의 취지를 잃고 전혀 다른 의미로 변경되는 정도에 이르지 않는 경우라면 국회의 자율권을 존중하는 취지에서 수정안의 적법성을 인정해야 하는 것으로 해석할 수 있다. 하지만 이러한 헌법재판소의 판결 내용에 비판이 없지 않고, 수정안 제출권한이 동일성이 인정되는 범위 내에서 제한되어야 하는 주장이 제기되고 있으므로 수정의 의미를 법률로 명문화할 필요가 있다.

따라서 국회법 제95조를 개정하여 수정안의 의미를 추가할 필요가 있다. 즉 법률안의 원안과 동일성을 상실하지 않는 범위 내에서만 가능하도록 한계를 명확히 할 필요가 있다. 만일, 수정안이 원안과 동일성이 인정되지 않는 정도로 과도할 경우에는 상임위원회로 반환하여 재심사를 하도록 하는 것도 하나의 방안으로 고려할 수 있다.

(2) 전원위원회제도

국회는 주요의안의 본회의 성정 전이나 상정 후에 재적의원 4분의 1 이상의 의원전원으로 구성되는 전원위원회에 넘겨 심사하게 할 수 있다. 전원위원회는 소관 상임위원회 중심주의에서 발생할 수 있는 여러 가지 문제점을 보완하는 한편, 소관 상임위원회에서 심사 보고한 법률안을 형식적으로 통과시킴으로써 유명무실해지고 있는 본회의의 법률심의기능을 활성화하기 위한 취지로 2000년 2월 국회법 제63조의2를 신설하여 도입된 제도이다.[13)] 전원위원회제도는 특정 법률안에 대하여 관심이 있

12) 현재 2006.2.23. 2005헌라6.

13) 전원위원회제도는 2000년 도입 후 거의 활용되지 못하고 있다. 2003년 3월 28일부터 29일까지 '국군부대의 이라크 전쟁파견 동의안'을 심의한 것이 유일한 사례이다.

는 의원이면 누구나 참석해서 수정안을 제출할 수 있기 때문에 국민의 다양한 의견이 국회의 최종 입법단계에서 반영될 수 있고 소관 상임위원회 중심주의 하에서 발생할 수 있는 소수의 횡포나 다수의 전횡을 방지하는데 기여할 수 있다[14].

그러나 전원위원회는 도입한 취지와는 달리 활성화되지 못하고 있다. 국회법에 규정된 지 꽤 시간이 많이 지났음에 제대로 활용되지 못하는 유명무실화 상태이다. 전원위원회제도가 적극적으로 활성화되지 못하는 이유는 다음과 같이 분석할 수 있다. 국회의원의 전원위원회제도의 취지 등에 대한 인식 부족, 상임위원회 중심주의 입법과정에서 전원위원회제도가 갖는 비효율성, 엄격한 전원위원회 소집요건 등이다.

전원위원회는 본회의 법률안 심의의 내실화를 도모하고 형식적 본회의 심의절차를 지양하며 상임위원회중심주의에서 발생할 수 있는 문제점을 막을 수 있다. 이와 같은 역할을 하게 하기 위해서는 전원위원회 개최를 임의적으로 할 것이 아니라 일정한 요건을 갖출 경우 필요적 절차로 비중을 높이는 것이 필요하다. 따라서 국회법 제63조의2 제1항 부분에서 "재적의원 4분의 1 이상의 요구가 있는 때에는 그 심사를 위하여 의원전원으로 구성되는 전원위원회를 개회하여야 한다."로, 그리고 단서 부분은 삭제하는 것으로 개정하는 것이 바람직하다. 물론 국회의원의 전원위원회에 대한 인식이 바뀌어야 할 것이다. 입법과정을 저해하거나 있으나 마나한 제도로 생각하면서 제도의 도입시 기대했던 효과는 얻을 수 없을 것이다.

14) 국회사무처, 국회의 입법과정 개선을 위한 연구, 2005, 68면.

II. 입법권 및 내용의 제한

1. 국가기관에 의한 통제

정부는 헌법상 제도인 법률안제출권·대통령의 법률안거부권·법률공포권 등을 통하여 입법과정에서 국회 입법권 및 내용을 통제할 수 있다. 현대 국가의 기능 확대에 따른 행정 국가화 경향에 따라 국회의 입법과정에 직접 개입하기도 한다. 정부에 의한 입법권의 통제는 법안제출과 입법과정에서의 통제, 즉 사전적 통제에 해당된다.

반면 사법기관에 의한 통제는 입법 이후의 통제, 즉 사후적 통제에 해당한다. 법원의 위헌법률심판제청권·헌법재판소의 위헌법률심판권 및 헌법소원심판권 등을 통하여 국회에서 제정한 법률에 대한 실질적 통제를 가하고 있다. 특히 현행 헌법에서 도입한 헌법재판소는 출범 이후 헌법에 위반되는 많은 법률을 위헌이나 헌법불합치 결정을 하여 적극적으로 제한을 하거나 통제하고 있다. 도입 시와는 달리 현재 그 역할과 효과는 기대이상인 것으로 평가되고 있다.

그리고 헌법재판소는 입법부작위에 대한 헌법소원에서도 제한적으로 그 재판관할권을 인정하고 있다. 즉 진정입법부작위인 경우에는 헌법에서 기본권보장을 명시적으로 위임하고 있거나, 헌법해석상 특정인에게 구체적 기본권이 명백하게 발생하였음에도 입법자가 아무런 입법조치를 취하지 않고 있는 경우에 헌법소원이 인정된다.[15] 부진정입법부작위인 경우에는 불완전한 법규자체를 대상으로 하여 적극적인 헌법소원을 제기해야 한다.[16]

---

15) 헌재 88헌마1, 1989. 3. 17.
16) 헌재 89헌마1, 1989. 7. 28.

2. 입법과정에 대한 위헌심사 필요성

헌법재판소가 위헌법률심판에서 심판의 대상이 되는 법률이나 법률조항이 위헌인지의 여부를 판단할 때 결과인 법률 이외에 입법행위의 과정을 심판의 대상으로 할 수 있는지가 문제된다. 이 문제는 헌법에서 명시적으로 입법절차를 정하고 있는 경우와 그렇지 아니한 경우로 나누어 볼 수 있다. 헌법에서 법률을 제정하거나 개정할 때 지켜야 할 절차를 규정하고 있으면 국회는 반드시 이 규정에 따라 입법을 하여야 한다. 따라서 이러한 경우에 국회가 헌법의 명시적인 절차규정을 위반하여 입법을 하면 위헌이 된다. 이 경우 권한쟁의심판을 통해서도 다툴 수 있다. 권한쟁의심판에서는 헌법상의 절차규정위반뿐 아니라 법률상의 절차규정의 위반도 다툴 수 있다(헌법재판소법 제61조 제2항). 헌법재판소는 국회법에서 정하고 있는 입법에 관한 절차규정을 위반한 경우에 대해서는 권한쟁의심판에서 심사할 수 있다고 보고, 적극적으로 청구인의 권한침해 여부에 대하여 심사하고 있다.[17]

여기서 문제가 되는 것은 입법과정에 대한 위헌여부심사는 입법에 있어서 안건에 대한 토론이 충분히 행해졌는가, 사안의 쟁점에 대한 충분한 검토와 논의가 있었는가, 법률안에 대하여 이해관계를 가진 사람들에게 의사를 표시할 기회가 충분히 주어졌는가, 소수의 국회의원에게 발언기회가 충분히 제공되었는가, 표결이 합리적인 조건하에서 행해졌는가 하는 등 충실하고 최적의 입법을 함에 있어 실질적으로 요구되는 절차적인 사항들을 지켰느냐 하는 점에 대하여 헌법에의 합치여부를 심사하는 것이다. 즉, 민주주의 기본원칙인 '다수결의 원칙', '회의공개의 원

17) 헌재 2009헌라12, 2010. 11. 25; 헌재 2010헌라3, 2012. 7. 26.

칙'이 지켜졌는지가 문제되며, 이를 위반한 경우 그 법률은 통제를 받게 된다.[18]

그러나 실질적 입법과정의 위반에 대해서는 학설상 다툼이 있다. 아래에서 구체적 내용을 살펴보도록 하겠다.[19]

(1) 긍정설

입법자는 입법권은 행사할 때 최적의 입법을 하여야 하는 헌법상의 의무를 가진다. 따라서 헌법재판소는 입법과정 또는 입법행위에 대해서도 헌법위반여부를 심사할 수 있다. 법률안을 심의한 소관위원회에 소속위원이 아닌 국회의원이 참여하지는 않았는지, 소관위원회에서 필요한 자료를 충분히 수집하거나 사실관계를 조사하고 이익형량 등에서 이들 자료를 충분히 검토·논의하여 고려하였는지 여부는 위헌여부를 판단하는데 검토가 필요한 중요한 사안이다.

대의민주주의에서 국회는 전체국민의 대표기관으로서 입법의무에 충실하여야 한다. 그러나 대외적으로 전체이익과 국민의 일반 의사를 내세우지만 사실상 특수한 집단이나 개인의 이익을 위해 입법을 하는 경우가 적지 않다. 이러한 현상을 '입법의 실패'로 간주하고 바로잡는 데 효과적인 방법이 적극적 사법심사이다. 입법과정에서 형식적 부분을 포함해서 실질적 부분에 대한 사법심사 또는 규범통제가 필요하다고 본다. 따라서 헌법재판소는 입법의 결과뿐만 아니라 입법의 과정에 대해서도 적극적으로 개입하고 통제하는 것이 필요하다.

긍정설에 의하면 입법과정에서 모든 이해관계자들의 의견이 충분히

---

18) 헌재 96헌라2, 1997. 7. 16.
19) 정종섭, 헌법학원론, 박영사, 2014, 1063-1066면.

제시되고 고려되었는지, 법안에 대한 의결이 합리적인 의사결정과정을 거쳤는지, 법률안이 일괄적으로 또는 개별적으로 처리되었는지, 법률안이 국회의원들의 이해관계에 따라 만들어진 것이 아닌지 하는 점 등도 심사의 대상이 된다.[20]

(2) 부정설

사법심사를 부정하는 입장에서는 입법자에게 최적의 입법을 해야 할 법상의 의무는 없다고 본다. 입법절차와 관련하여 헌법이나 법률에 규정되지 않은 요건이나 내용은 헌법재판소의 심사대상에 포함되지 않는다고 본다. 법상 규정되어 있지 않은 부분을 문제 삼아 헌법재판소의 심사대상에 포함시키는 것은 입법·행정·사법으로 나누어져 있는 권력분립원리에 반한다고 이해한다. 이 견해에 의할 경우 헌법재판소의 규범통제대상이 되는 것은 입법행위의 결과인 법률에 국한된다. 즉 규범통제의 대상은 국회에서 제정된 법률의 내용과 효과에 국한되며, 헌법이나 법률상의 정해진 절차에 반하지 않는다면 입법의 과정이나 입법행위, 입법자의 동기는 심사의 대상에 포함되지 않는다.

(3) 소결

대의민주주의의 제도의 취지와 국회의 입법형성권 보장의 차원에서 보면 국회의 입법행위의 구체적 모든 과정을 심사의 대상으로 하는 바람직하지 않다. 입법과정에서의 문제는 당사자들에 의해 권한쟁의심판의 대상이 되어 헌법재판소는 그 범위 내에서 판단하는 것은 가능하다. 헌

20) 정만희, 헌법과 통치구조, 법문사, 2003, 252면,

법재판소는 구체적인 판단을 위해서 입법과정에 대한 고려를 하지만 입법과정상의 이유로 어떤 법률에 대해 위헌 결정을 할 수는 없다.

그러나 이러한 주장이 국회에 최적의 입법을 위한 노력이나 입법과정에서 민주주의에서 요구하는 절차적 요건 준수 의무를 부정하는 것은 아니다. 국회에 법상 명시적으로 강제되지는 않지만 자율적으로 이러한 노력을 할 의무가 있다. 국회가 이러한 노력을 하지 않고 입법과정이 민주주의 원리를 벗어나 국가가 추구해야 하는 일반이익의 창출과 공공성 원리의 실현이 아니고 소수의 이익을 추구하는 경우에 적법절차원리는 입법과정에도 적용되어야 한다. 따라서 민주주의는 절차적 정당성을 가져야 한다는 점에서 규범통제나 권한쟁의심판을 통하여 실질적 입법과정에 대해서도 헌법적 심사를 하는 것이 필요하다.[21]

3. NGO 등에 의한 실질적 통제 기능 강화

최근 개인의 의사표현 수단이 다양화 되면서 정부의 의사결정에서 국민이나 집단의 참여가 증가하고 있다. 국민의 참여 확대로 국회의 입법권도 영향을 받고 있다. 국민의 입법청원과 입법에 대한 저항, 언론이나 SNS 등 인터넷 정보통신 수단을 통한 여론의 형성, 이익단체의 로비활동, 정당의 당정협의회나 원내교섭단체를 통한 영향력행사 등 예전과는 비교할 수 없을 정도로 많고 다양해졌다. 특히, 개인이나 사회단체의 사이버공간을 통한 영향력 행사는 무서울 정도로 증가하고 있어 국회에 대한 새로운 통제수단으로 작동하고 있다.[22]

---

21) 정종섭, 앞의 책, 1066면.
22) 성낙인, 헌법학, 법문사, 2014, 462면.

NGO의 활동이 대표적이다. 최근 국회의원의 입법 활동에 대한 NGO의 평가는 다음 선거에서의 정당공천 여부와 당선에 직접적 영향을 주고 있다. NGO의 이와 같은 적극적 활동에 의해 국회의원 입법 활동은 형식적면 뿐만 아니라 실질적면에서도 통제를 받고 있다. 입법 활동의 객관적 결과 뿐만 아니라 어떤 취지의 법안을 입안하였는지 그 입법의 내용이 어떠한지에 대한 평가활동이 국회 입법과정을 통제하는 작용을 하고 있다.

이와 같은 NGO 등의 활동이 국회의원의 입법 활동을 촉진하기도 하지만 입법과정에서 부작용도 유발하고 있다. 국회의원의 활동에 대한 평가 기준을 보면 대체적으로 법안제출 건수에 대한 비중이 높다. 이로 인해서 실적위주의 무작위입법, 불성실입법 등 입법이 양적인 면에서는 폭발적 증가 현상이 나타나고 있다. 이러한 상황은 꼭 필요한 법의 입안을 저해하고 있다. 따라서 NGO 등의 입법과정에 대한 평가방법이 국회 입법과정의 개선에 긍정적 영향을 줄 수 있는 방향으로 바뀌는 것이 필요하다.

예를 들면 NGO는 국회 사무처와 공동으로 위와 같은 문제점이 발생하지 않도록 국회의원을 평가하는 평가지표 등을 개발 보완한다든지, 국회 사무처에서 공식적으로 개별 국회의원을 입법 활동을 평가할 수 있는 객관적인 시스템을 만드는 등의 보완이 필요하다.

III. 국민의 참여기회 확대

1. 의의

민주주의는 국민이 대표자를 통해서 자신의 의사를 표시하고 중요정책을 결정하는 것을 기본원리로 한다. 입법도 국회에서 국민의 대표자들에 의해서 제정되어지고 국민은 이를 당연한 것으로 받아들였다. 그러나 오늘날에는 국가의 중요 정책운용이나 법률의 제정에서 국민의 참여와 국민지향성이 중요시 되고 있다. 국민과 당사자의 적극적이고 효과적인 참여가 요구되어 진다. 왜냐하면 입법과정에서 국민의 수용가능성과 기대효과를 확인하여 규범성을 높일 수 있기 때문이다.

이와 같은 이유로 입법절차에서의 국민의 참여 기회의 강화가 필요하다. 국가가 지식과 정보의 중심을 이루고 있는 상황에서 기본적이고 중요한 법안의 경우 국민이 보다 강력하게 입법절차에 참여할 수 있는가의 여부를 검토하여야 한다.[23] 그러나 입법절차의 신속과 효율성을 중시하는 입장에서는 참여의 확대에는 소극적이다. 따라서 입법과정에서 국민의 참여를 보장하면서 효율성을 달성할 수 있게끔 시스템의 최적화하는 것이 관건이라 할 수 있다.

현행 입법과정을 보면 국민의 의견을 수렴하고, 국민의 참여를 보장하는 제도를 마련하고 있다. 국회법상의 입법청원, 공청회·청문회 참여 등을 포함해서 「행정절차법」, 「법제업무운영규정」, 「공공기관의 갈등 예방과 해결에 관한 규정」, 「행정규제기본법」 등에서도 법령의 제·개정과 관련하여 의견수렴을 위한 제도를 두고 있다.

---

23) Daniel Kettiger, Kooperative Rechtssetzung-Gedanke zur Zusammenarbeit von Regierung und Parliament, LeGes 1999/2, S. 162ff.

우리나라는 민주화의 성숙, 사회·경제적인 발전과 국민의 의식수준 향상으로 인하여 국민의 욕구가 매우 다양하게 표출되고 있다. 그 방법에 있어서도 시민사회단체의 결성 등을 통한 조직적인 참여로 활성화되고 있다. 이러한 현상은 사회구조의 다원화로 더욱 심화될 것으로 예상되고 있다. 즉 국민의 입법에 대한 관심도 의식이 높아지고, 입법절차에서도 국민의 참여가 활발하게 이루어 질 것으로 생각된다. 이와 같은 관점에서 입법절차에서의 국민의 참여를 확대 보장하기 위해서 현행제도에서 인정되고 있는 참여제도를 검토하고[24], 그에 대한 보완책 및 방향성을 제시하고자 한다.

2. 국민참여 입법의 효과

(1) 민주적 정당성의 향상

법치국가에서는 입법을 통해서 국가나 사회를 조직하고 변화를 도모할 수 있다. 입법이 사회와 경제 등 우리 생활에 미치는 영향력이 지대하다. 앞에서 살펴본 바와 같이 입법안은 국회의원에 의해서 제출되기도 하지만 대부분의 입법은 소관 행정부처에서 제출되는 정부입법이 차지하고 있다. 그러나 정부입법을 초안하는 소관 부처 담당 실무 공무원들은 선거를 통하여 선출되지도 않고 국민들에게 직접적으로 책임을 지는 사람들도 아니다. 비록, 입법과정에서 청문회나 의견 제출의 방법에 의해서 국민의 의견을 입법에 반영시키도록 하고 있지만 제한적이다.

---

24) 김수용, "국회입법과정의 현황·문제점·개선방안", 국회입법조사처·한국입법학회·국회경제법연구회(주최), 국회입법과정의 내실화와 입법영향 분석 세미나 자료, 2012. 12. 21.

최근 정보기술(IT)의 발달은 입법에 대한 국민의 관심과 인식을 높이고, 국민들이 그들의 요구를 쉽게 입법과정에서 나타낼 수 있어 국민의 참여를 확대하는 효과로 이어지고 있다. 국회는 입법과정에서 국민의 다양한 의견수렴을 위해서 입법시스템도 그에 맞게 진화·발전되고 있다. 시스템의 개선에 다음과 같은 점을 고려한다면 더 큰 효과를 기대할 수 있을 것이다.

첫째, 입법의 민주적 정당성을 확대하기 위해서는 몇 가지 중간 목표를 설정해 볼 수 있다. 입법에 대한 국민의 이해를 높이는 것, 입법에 대한 국민의 의견 제출의 질을 높이는 것, 의견 제출 절차를 보다 상호 소통될 수 있게 깊게 배려하는 것 등이다.

둘째, 입법이 국민의 삶이나 일에 직접적인 영향을 미친다는 것을 국민들에게 널리 알려주면, 국민들이 입법에 관련된 정보에 보다 적극적으로 접근하게 되고, 입법을 둘러싼 이해관계의 충돌에서 국민의 이해를 높일 수 있다. 입법과정에 대한 이해는 동시에 문제의 본질에 대한 이해를 높일 수 있어서 의견 제출의 양과 질을 향상시키는 계기가 된다. 의견 제출에 소극적 국민들도 보다 적극적으로 입법에 대한 의견표명을 가능하게 한다.

이와 같이 입법절차에서 국민의 참여를 향상시킴으로써 국민과 입법을 담당하는 공무원과 국회 모두 보다 적극적으로 의사교환의 계기를 마련할 수 있다. 이러한 참여기회의 확대는 IT기술의 발달 등으로 더욱 활발하게 전개될 수 있고, 국민과 국민의 입법에 관한 의사교환과 집단의사를 쉽게 표명할 수 있어, 결국은 입법의 민주적 정당성을 향상할 수 있다.

(2) 입법의 질적 향상

국회의 입법 활동으로 만들어진 법률은 국민의 권리를 보장하거나 의무를 부과하는 등 국민생활에 직접적 영향을 미친다. 법률이 국민의 생활에서 의사결정을 돕거나 판단의 기준이 되는 것이다. 반면 입법과정에서 국민의 적극적 참여는 입법의 질적 향상의 효과로 이어질 수 있다.

입법과정을 보면 하나의 법률이 제안되어 상임위원회 심의 본회의 결정되기 까지 많은 절차를 거칠고 이 과정에서 사회적 문제의 이유와 원인분석 이에 따른 입법의 필요성과 효과들에 분석을 필요로 한다. 이 과정에서 국민의 적극적 참여는 새롭고 다양한 정보를 제공해주는 효과가 있을 것이다. 입법권자는 문제의 원인을 잘 이해하고 분석하여 보다 효율적이고 바람직한 입법권을 행하살 수 있다. 국민에게 다양한 정보의 제공뿐만 아니라 입법과정에서 국민의 적극적 참여를 통해서 입법의 질적 향상의 효과를 거둘 수 있다.

(3) 입법과정의 효율성 제고

입법과정은 많은 예산과 행정력을 필요로 한다. 어떤 경우 하나의 법률이 만들어지기까지 몇 년의 기간이 소요되는 경우도 발생한다. 이와 같은 과정이 질적으로 우수한 법을 제정하기 위한 필요적 절차라면 당연히 받아들여야 하겠지만, 그렇지 않고 국민의 참여부족으로 합의를 도출하지 못하거나 정보 등이 부족하여 문제의 본질을 제대로 파악하지 못해서 발생하는 문제일 수 있다.

입법과정에서 국민의 적극적 참여는 사회적 문제점을 조기에 발견할 수 있고 입법기간의 장기화를 막을 수 있어 효율성을 도모할 수 있다.

국민의 의견 제출이 활성화되면 각 계층의 의사를 쉽게 파악할 수 있어 이견조정 등을 통하여 입법을 용이하게 할 수 있다. 참여는 일반국민 뿐만 아니라 정부부처 내의 적극적 참여도 필요하다. 국가기관의 의사소통이 원활하게 되며, 법률의 제정과 관련된 문제점을 보다 조기에 파악할 수 있어 입법과정이 원활해질 수 있다. 이런 관점에서 전자입법(e-rulemaking)은 입법비용을 줄이고 효율성을 제공하는데 기여하는 좋은 예가 된다.

(4) 국민의 법 준수율 향상

입법과정에서 고려되어야 할 항목 중에서 국민의 법 준수율은 매우 중요한 요소이다. 법의 내용이 이상적 일지라도 국민이 공감하지 않고 지킬 수 없는 법이라면 그 법은 좋은 법이라고 할 수 없다. 살아있는 법이 되기 위해서는 입법과정에서 국민의 참여와 그 의사를 반영하는 것은 중요하다.

입법과정에서 국민의 참여를 확대하고 보장하는 목적 중에 하나는 법률의 공포 후 법령에 대한 국민의 준수율을 높이는 것이다. 입법과정에서 국민의 참여를 보장함으로서 그 국민들이 법에 따라 행동하게 하는 효과를 기대할 수 있다. 결국 국민의 참여확대를 통해서 법률이 달성하고자 하는 사회적 목표에 대한 이해를 높임으로써 법률에 대한 준수율을 높이는 효과를 달성할 수 있다.

3. 구체적 방안

(1) 입법청원

헌법과 법률에 따라 법률안은 국회의원과 정부만이 제출할 수 있다. 국민이 법률안을 입안하고 제출하는 단계에서 직접적으로 관여할 수 있는 방법은 법률의 제정과 개정을 입법부나 행정부에 청원하는 것이다.

헌법 제26조는 "모든 국민은 법률이 정하는 바에 의하여 국가기관에 문서로 청원할 권리를 가진다."고 규정하여 국가기관에 일정한 사항에 관한 의견이나 희망을 진술할 권리를 기본적 권리로서 보장하고 있다. 청원권은 그 행사에 비교적 시간과 비용이 많이 들지 않기 때문에, 경우에 따라서는 신속하고도 경제적인 권리구제수단이 될 수 있다. 이 같은 청원권을 구체적으로 보장하기 위해서 청원법이 제정되어 있다.

국회에 제출하는 청원의 심사·처리에 대해서는 국회법에서 별도로 자세히 규정하고 있다. 구체적 내용을 보면 다음과 같다. 국회에 청원하려고 하는 자는 의원의 소개를 얻어 청원서를 제출하여야 한다(국회법 제123조 제1항). 의장이 청원을 접수한 때에는 청원요지서를 작성하여 각 의원에게 인쇄·배부하는 동시에 그 청원서를 소관위원회에 회부하여 심사하게 하고 있다(동법 제124조 제1항). 위원회는 청원심사를 위하여 청원심사소위원회를 두며(동법 제125조 1항), 청원을 소개한 의원은 소관위원회 또는 청원심사소위원회의 요구가 있을 때에는 청원의 취지를 설명하여야 한다(동법 제125조 제3항). 소관위원회에 회부된 청원은 회부일로부터 특별한 사유가 없는 한 90일 이내에 심사결과를 의장에게 보고하여야 하며 그렇지 못할 경우 중간보고를 하여야 한다(국회청원심사규칙 제7조 제2항). 청원심사에 관하여 기타 필요한 사항은 국회규칙으로 정하도록 하고 있다(동법 제125조 제7항).

청원에 관한 위와 같은 규정들은 청원의 효율적 심사에 중점을 두고 있다. 예들 들면 청원인에게 청원에 관한 심사일정이 어떻게 되는지, 관련 심사가 어떻게 진행되고 논의되고 있는지를 알 수 있는 구체적으로 알려주지 않고 있다. 청원접수 및 소관위원회에의 회부, 위원회가 청원을 본회의에 부의할 필요가 없다고 결정하여 의장에게 심사보고한 때, 청원에 대한 국회의 의결이 있을 때, 정부에 이송한 청원에 대하여 그 처리결과보고가 있을 때, 제11조 제2호에 해당하는 청원이 국회에서 처리되었을 때 각각 의장으로 하여금 청원인에게 통지하도록 규정(동 규칙 제13조)하고 있다. 그리고 청원인의 진술권도 보장되어 있지 않으며 필요에 따라 진술을 들을 수 있도록 하고 있다. 청원이유 등 구체적 내용은 국회홈페이지 의안정보시스템에서 확인토록 하고 있다.

입법청원에서 청원인의 청원권을 보다 실효성 있게 하기 위해서는 청원심사일정, 관련 속기록이 청원인에게 직접 통지되는 방향으로 국회청원심사규칙이 마련될 필요가 있다.[25] 구체적으로 입법청원 현황을 살펴보면, 제헌국회부터 제15대 국회까지 국회에 접수된 청원은 총 5,588건에 달하며 이 중 입법청원은 25%에 해당하는 1,283건이다. 특히 제11대 국회에서 24건에 불과한 입법청원이 제12대 국회에서는 47건, 제13대 국회에서는 175건, 제14대 국회에서는 261건, 제15대 국회에서는 356건으로 증가하였다.[26] 하지만 입법청원이 증대하는 것 자체는 긍정적이지만 실제 법률의 제·개정의 형태로 어느 정도 반영되는지는 알 수 없다. 청원에 대한 단순한 처리결과의 통보만으로는 충분하지 않으며, 청원이

25) 국회운영위원회, 생산적이고 효율적인 국회개혁을 위한 제언, 2004, 61면.
26) 김태식, "국가경쟁력 이제는 국회가 나설 때다-국회의 기능과 역할에 대한 이해", 월인, 2002, 35면.

입법과정에서 국민 참여의 실효성 있는 방법으로 자리매김 할 수 있게 국회법 및 국회청원심사규칙을 개정하여 통지의 대상을 확대하고 단순 결과만 통지할 것이 아니라 국민의 청원권이 실효성을 가질 수 있도록 결과에 그에 대한 합리적인 이유 등의 부기가 필요하다.[27)]

(2) 입법과정에서의 의견수렴절차 제도화

법령의 제정·개정 또는 폐지 등 정부의 입법 활동과 그 밖의 정부의 법제업무에 관하여 필요한 사항을 규정함으로써 국민이 입법에 참여할 기회를 확대하고 법령의 실효성을 높여 국가정책의 효율적인 수행을 도모하며 나아가 국민의 권익을 증진하는 데에 이바지함을 목적으로 법제업무 운영규정을 제정하여 시행하고 있다(법제업무 운영규정 제1조). 행정부처에서 입법계획을 수립하여 법제처에 제출할 때, 관련 단체 등의 입법에 관한 의견이 있는 경우에는 그 의견을 명시하도록 하고 있다(동 규정 제6조 제2항). 각 부처에서는 입법계획 수립 시 재량에 따라 관련 단체 등으로부터의 의견을 수렴할 수 있다. 그리고 법제처는 각 부처의 입법계획을 취합한 정부입법계획을 국무회의에 보고한 후 그 내용을 관보에 고시하고 인터넷 등을 이용하여 국민에게 알리도록 하고 있다(동 규정 제10조).

법제업무 운영규정의 구체적 내용을 보면 입법의 특정시기 집중현상의 방지에 중점을 두고 있다. 동 규정 제7조 제2항에서는 "법률안의 국회 제출은 연중 고루 안배되도록 하고, 예산이 수반되는 법률안은 정기

---

27) 헌법재판소는 헌법 제26조의 청원권에 대해서 "청원권의 보호범위에는 청원사항의 처리결과에 심판서나 재결서에 준하여 이유를 명시할 것까지를 요구하는 것은 포함되지 않는다"고 하면서 소극적이다. 헌재 1994. 2. 24. 93헌마213등.

국회에서, 그 밖의 법률안은 임시국회에서 심의가 이루어지도록 유의하여야 한다."라고 규정하고 있다. 각 부처에서 해마다 법률안을 미리미리 법제처에 제출하여 법제처에서 심사할 시간을 충분히 갖도록 하고, 국회에도 임시국회에서 법률안을 많이 처리하도록 하되, 정기국회 처리가 불가피한 법안도 가급적 빨리 국회에 제출하라는 의미로 해석된다.

그리고 국민의 입법참여의 기회를 보장하고 있다. 구체적으로 '국민참여입법시스템'을 구축하여 입법예고부터 법령안 공포까지의 단계별로 법령안 정보 및 법령 제정·개정 이유서를 공개하고 '국민참여입법시스템'을 통하여 누구나 법령이나 법령안에 대한 의견을 쉽고 편리하게 제출할 수 있도록 하여야 한다고 규정하고 있다(동 규정 제19조의2). 그리고 법령안 주관기관의 장은 입법예고 결과 제출된 의견을 검토하여 법령안에의 반영 여부를 결정하고, 그 처리 결과 및 처리 이유 등을 지체없이 의견제출자에게 통지하여야 한다. 법령안 주관기관의 장은 입법예고 결과 제출된 의견 중 중요한 사항에 대해서는 그 처리 결과를 법률안 또는 대통령령안의 경우에는 국무회의 상정안에 첨부하고, 총리령안 또는 부령안의 경우에는 법제처장에게 제출하여야 한다(동 규정 제18조) 뿐만 아니라 법제처장은 법령안 주관기관의 장이 실시하는 입법예고제도의 운영실적을 확인하고 개선이 필요한 사항이 있을 때에는 이를 개선하도록 권고하여야 한다고 하고 있으며, 법령안 심사 시 입법예고 결과 제출된 의견을 검토하고, 법령안 주관기관의 장이 법령안에 반영하지 아니한 의견 중 법리적인 사항 또는 입법체계적인 사항으로서 입법에 반영하는 것이 바람직하다고 판단되는 의견에 대해서는 이를 반영하도록 권고할 수 있다고 규정하고 있다(동 규정 제19조).

이와 같이 국가의 입법계획은 국가의 입법 활동을 널리 국민에게 인식하게 한다는 측면에서 정보적 계획으로서의 기능과 국민에게 국가의

장래 입법 활동을 예측할 수 있게 하고, 기업이나 국민에 대하여 하나의 정보로서 의미를 가지게 된다. 또한 국가에게는 국가정책의 방향과 구체적 수단을 확정하는 행정활동기준으로서의 중요한 기능을 가진다.

따라서 위와 같은 내용의 법제업무 운영규정은 입법과정에서 국민의 참여를 보장한다는 측면에서 매우 중요할 뿐만 아니라 규정의 존재의 목적에 상당히 충실하다고 볼 수 있다. 하지만 그 본래적 기능에 조금 더 충실하게 하기 위해서 정치적, 경제적, 재정적, 생태적 사회적 또는 문화적 관점에서 상당한 의의가 있는 법안에 대해서는 의견청취절차를 의무화 한다든지, 국민의 참여의 시기를 입법예고 제출 전 단계에 까지 확대하는 방향으로 동 규정을 개정할 필요가 있다.

(3) 주요법안에 대한 전문가 참여 및 공시제도 의무화

입법과정에서 법안의 객관성과 전문성이 담보를 위해서 의제에 따라 전문가나 이해관계자를 참여시키는 검토위원회를 운용하는 경우가 많다. 이와 같이 입법과정에서 전문가의 참여를 거치도록 하는 것은 이해관계인의 의견 반영 및 조정하고 전문적 지식과 판단을 입법안에 반영하기 위해서이다.

그러나 이러한 절차가 형식적 차원에서 개최되고 결과가 제대로 반영되지 못하는 경우가 많다. 전문가 참여가 이해관계인의 의견반영을 위해서 라기 보다는 해당 법안과 관련된 전문가들의 의견수렴을 위한 정보제공적 참가에 불과한 경우가 많다. 즉 입법을 주관하는 부처에서 이미 방침을 확정한 후에 이해관계자의 이해와 협력을 얻기 위한 수단으로 이용하는 경우가 많다.

입법과정에서 객관성과 민주적 정당의 확보를 위해서 실질적으로 운영되어야 할 전문가의 참여제도가 위와 같이 운영됨에 따라 국민들은 이러한 절차에 대해서 불신하고 비용과 시간을 낭비하는 것으로 인식하고 있다. 하지만 입법의 내용에 전문가의 의견을 반영한다는 관점에서 보면 이 위원회를 활용하는 것은 매우 실효성이 있다. 다양한 이해관계자를 직접적으로 참가시키는 것은 용이하지 않을 수 있기 때문이다.

이러한 전문가의 참여가 단순 참여에서 끝나지 않고 실적으로 법의 구체적 내용에 반영될 필요가 있다. 법안에 관해 참가자들의 의견 등을 검토하고 새로이 명확하게 된 문제점 등을 분석한 보고서를 채택하고, 그 보고서를 홈페이지 등을 통해 공지하고, 널리 일반국민 등으로부터 의견청취를 위한 재료로 제공하는 등의 절차가 마련될 필요가 있다. 전문가위원회의 구성도 법령의 입안에 임박하여 설치하기 보다는 충분한 시간을 갖고 진행하는 것이 맞으며, 이 과정에서 일반국민 등으로부터 의견수렴절차가 이루어져야 한다. 즉 가능한 합리적인 의견수렴절차의 구축이 필요하다.

(4) 주요 법령정비절차에서 공식적 협의제도 설치

정부에서는 행정 각 부처 및 법제처를 중심으로 시대·상황의 변화와 국제기준에 맞지 않는 국민불편법령과 법제도를 전면 재검토·정비하여 자유시장경제질서에 부합하는 선진법체계 구현을 위해 다양한 법령정비를 시도하고 있다. 국민의 법 감정에 맞지 아니하거나 시대상황에 뒤떨어져 국민에게 불편을 주는 법령, 저소득층 및 취약계층 배려와 국민안전 보호에 미흡한 법령, 대기업의 횡포를 방지하고 중소기업을 육성하기 위한 법, 불필요한 규제로 국가 및 기업의 경쟁력을 저해하는 법 등의 개선작업을 추진하고 있다.

이들 법령의 정비작업에는 관련분야의 전문가로 구성된 전문가회의에 상정·논의하는 한편, 경제단체 등으로부터 의견수렴을 거치고 있다. 그러나 법령정비작업은 대부분의 법이 여러 부처와 관련이 있을 뿐만 아니라 이해관계자가 매우 다양하고 광범위하여 의견수렴이 용이하지 않아 원활하게 진행되지 못하고 있다. 이와 같은 정비작업이 국민생활과 직결되는 부분이 많고, 종전의 제도를 바로 잡고 새로운 획기적 제도의 도입을 요소로 하기 때문에 그만큼 각계의 폭넓은 의견수림이 필요하고 그 진행도 쉽지 않을 수 있다.

외국에서는 이와 같이 중요한 법령정비나 제도의 개정할 때에는 관계부처 및 전문가참여에 의한 검토위원회에서 객관적 자료에 의한 현상분석과 문제점을 명확히 하고 개혁의 방향성을 권고하는 보고서를 마련한다. 그리고 이 보고서를 공개하여 이해관계자나 일반인으로부터 의견수렴절차 거쳐, 의견수렴절차에서 제시된 의견을 반영하여 정부에서 법 개정에 반영한다. 우리나라도 주요한 법령정비 시 계획단계에서부터 전문가나 관계 이해관계자들이 참여하는 것을 제도화하는 한편 그들의 의견을 수렴한 종합적인 보고서를 마련하여 이를 일반 국민에게 공개하고 의견수렴을 한 후, 이를 반영하여 최종 계획을 마련하여 법령정비작업을 추진하는 절차가 필요하다.

주요 법령의 정비과정에게 이러한 절차를 거침으로 ① 정보의 공유와 양호한 의사전달, ② 국민의 의식과 관여의 강화, ③ 법령정비를 위한 보다 나은 창조적인 대안의 발견을 장려, ④ 법령에 대한 준수의 증대, ⑤ 장기적 관점에서 시간과 비용 및 업무의 절감, ⑥ 주요한 당사자간의 협력적 관계의 형성, ⑦ 보다 나은 계획을 가능하게 하고 이해관계자에게 성과의 확실성을 증대, ⑧ 사후적인 분쟁과 소송의 감소 등의 효과를 기대할 수 있다.[28)]

(5) 입법에 관한 의견수렴 종합 포털사이트 구축

최신 정보통신기술은 현대 민주국가에서 공공정책입안 시 시민참가를 유도할 수 있는 강력한 도구로 인식되고 있다. 입법과정에서도 인터넷이나 스마트폰 등의 정보통신기기의 장점을 활용하면 입법과정에서 시민 등의 적극적인 참가를 촉진하고 대국민 소통을 도모할 수 있다. 입법과정은 보다 효과적으로 진행될 수 있다.

입법과정에서 대국민 소통과 시민참가를 실현할 수 있는지의 여부는 정부가 정보에의 접근을 기본적인 전제조건으로 인식하고 있는지와 관련되어 있다. 입법의 질적 향상과 시민에 대한 보다 많은 정보를 제공하기 위해 정보통신기술을 활용하여 입법과정을 지원할 수 있는지, 지원할 수 있다면 어느 정도 가능한지를 검토해야 한다. 현재 우리나라는 국가정책에 관한 정보의 포털사이트가 구축되어 있다. 입법절차에서의 대국민 소통과 국민 등의 의견수렴을 위해 국회 홈페이지상의 국민제안 및 국민토론란을 두고 있으며, 법제처에서 '정부입법 지원센터'의 포털을 구축하고 있다.

그러나 법제처 '정부입법 지원센터'에서는 정부입법이나 의원입법의 구체적 내용과 추진과정에 대한 정보를 제공하지 않고 있다. 개괄적인 내용만 소개하고 있으며, 구체적 내용의 확인하기 위해서는 소관부처의 홈페이지에서의 입법예고란을 살펴보아야 한다. 각 부처의 사이트에서도 입법예고에 관해 관련 법령의 간략한 개요나 신·구조문대비표 정도의 정보만 게시되어 있고 해당 법안 등에 관한 구체적 내용을 살펴볼 수 있는 검토보고서나 관련 자료 등은 거의 게시되어 있지 않다. 입법예고

28) Curtis W. Copeland, Negotiated Rulemaking, CRS Report for Congress, 2006. 8. 28.

에 대한 의견수렴도 찬·반 의견과 이유와 어디에 보내라고 하면서 주소와 전화번호 정도만 공개하고 있어 입법안에 대한 국민의 의견 수렴에 대한 의지를 찾기 힘들다.

이와 관련 2012. 2. 27.자 「국회 입법예고에 관한 규칙」이 제정되었다. 그리고 동 규칙 제6조에서는 국회차원에서 입법예고를 효율적으로 실시하기 위하여 필요한 정보시스템을 구축·관리하도록 규정하였다. 현재 국회 입법예고 홈페이지를 보면 각 위원회별로 입법예고 보기 등 구체적이고 다양한 정보를 제공하고 있다. 그러나 의견제출에 관해서는 문서 또는 국회입법예고 사이트에 게재하는 방법으로 제출할 수 있다고 안내하고 있으나 사이트에 의견제출란이 만들어져 있지 않다. 외국의 선진 사례와 같이 국민의 참여와 사회적 협의를 활성화하는 포털사이트를 구축해야 한다.

IV. 입법평가제도의 도입

1. 의의

입법평가제도는 입법과정에서 입법이 국민이나 사회에 미치는 다양한 영향과 비용을 비롯하여 법령의 실효성과 부작용 등을 객관적으로 측정하고 분석하는 시스템으로서 입법의 효용성 및 공정성을 도모하기 위한 유용한 도구이다.[29] 입법 활동에 계획성을 구비하여 법규의 무절제한 증식을 억제하고 입법과정의 신중함을 도모하기 위해서 정기적으로 입

29) 김기표, "이제 입법영향평가제동의 도입을 준비해야 할 때이다", 법제, 2012. 3, 3면.

법현상을 평가함으로써 과학적인 입법의 발전을 도모하는 제도이다.[30)]

입법평가가 논의된 중요한 배경은 법률의 홍수와 같은 과잉입법이다. 양적으로 증가하였지만 질적으로 저하된 입법을 예방·억제하기 위한 것이다.[31)] 독일·프랑스·스위스 등 유럽에서는 이미 10년 전부터 입법영향평가제도를 도입하여 시행하고 있다. 우리나라도 과다입법의 문제가 심각하다. 2014년 12월 31. 현재 법률 1,342개, 대통령령 1,557개, 총리령 120개, 부령 1,094개, 국회규칙 등 기타 부분이 330개 총 4,443개의 법률이 존재한다.[32)] 입법의 증가는 서로 충돌하는 가치와 이익을 조정해야 하는 본래의 역할을 제대로 수행하지 못하는 경우가 발생하고 있다.

입법평가는 '좋은 법률'을 얻기 위한 노력이다. 입법동기에 대한 평가, 입법사실에 대한 분석·평가, 입법의 결정, 법률초안의 준비 및 완성, 법률에 대한 심의 및 의결, 시행된 법률에 대한 사후 평가 등을 내용으로 하는 입법평가는 법률의 제정의 불가피성부터 법률의 효과까지 종합적으로 평가하여 보다 더 나은 법률을 만들어내기 위한 기법이다.[33)] 우리의 경우 현재 규제영향분석, 법안비용추계, 성별영향평가, 부패영향평가 등의 입법과 관련된 평가제도를 시행하고 있다. 그러나 이와 같은 평가제도는 각각 특정의 분야에 한정되며, 체계적이고 종합적이지 못하다.

입법평가는 다양한 관점에서 접근이 필요하다. 오늘날 다원화된 사회와 이를 유지하는 질서, 점증하는 문제의 복잡성 및 탈산업화적 사회로 이행하는 발전경향을 배경으로 할 때 입법은 사회적 과정, 극히 다양한 기관들과 정치세력들이 공식적 또는 비공식적 권한을 통해 참여하는 권

---

30) 홍준형, "입법평가의 법제화 방안에 관한 연구", 법제처, 2006. 12, 3면.
31) 김수용, "입법평가의 개념에 관한 연구", 법제처, 2005. 11, 16면.
32) http://www.moleg.go.kr/lawinfo/status/statusReport(2014. 12. 31.자 검색)
33) 최윤철·홍완식, "입법평가제도의 도입방안에 관한 연구", 법제처, 2005. 11, 6면; 홍완식, "규제개혁과 입법정책", 공법연구, 2008. 2, 270면.

력분립 절차 및 이해관계를 조절하는 절차로 이해되고 있다. 따라서 입법평가는 다차원적으로 행해진다.[34)]

2. 입법평가의 방법

(1) 개관

입법평가의 방법은 그 기준에 다라 아주 다양하지만 대표적인 것으로 7가지를 들 수 있다.[35)]

첫째, 실효성 평가이다. 이 방법은 입법을 통하여 예측되어지던 효과와 실제의 효과간의 관계에 대한 평가이다. 즉, 법규범이 사회에서 현실로 적용되고 있는가를 묻는다. 실효성을 좌우하는 요소로서 합의와 강제의 정도, 법지식의 상태, 법률과 현실의 차이 등이 평가된다.

둘째, 유효성 평가이다. 이 방법은 법률의 목표가 달성되고 있는지를 중점적으로 평가한다. 특히, 입법비용은 입법을 통해서 희생되는 사회적 가치인 자원에 해당되는 것이기 때문에, 이러한 사회적 자원이 효율적으로 사용되는지에 관한 평가이다.

셋째, 입법의 영향에 대한 평가이다. 이 방법은 입법을 통하여 사회상황에 대한 개선효과가 있었는지, 어느 정도의 개선효과가 있었는지를 측정하는 것이다. 따라서 의도적 효과, 예견된 효과, 직·간접적 효과, 지속·일시적 효과, 구체·추상적 효과, 사전·사후적 효과 등의 비교할 수 있는 두 개의 관점에서 평가 작업을 하고 그 결과를 비교하게 된다.

---

34) 박영도, 입법학입문, 한국법제연구원, 2009. 10, 537면.
35) 박영도, "입법평가제도에 관한 연구", 법제 제531호, 2002. 3, 13-34면.

넷째, 비용·편익 분석이다. 어떤 정책의 실시에 수반하여 발생하는 사회적 비용과 사회적 편익을 화폐가치로 환산하여 비교한 결과를 바탕으로 당해 정책이나 입법의 타당성을 평가하는 것이다. 그러나 입법에 대한 평가는 경제학적 부분에서의 비용·편익 분석과 같이 수식화하기가 쉽지 않다. 즉 입법평가에서 가치, 우연의 관계, 서로 대립하는 목적 등으로 인하여 비용·편익분석이 쉽지 않다.

다섯째, 비용·효과분석이다. 이 방법은 특정한 목적을 달성하기 위한 최저비용의 방법을 찾거나 일정한 비용으로 최대의 효과를 달성하는 방법을 찾는 것으로서 단위비용의 형태로 효과를 파악하는 것이다.

여섯째, 비용의 분석이다. 이 방법은 정책의 실시로 발생하는 사회적 편익을 제외하고 정책의 시행으로 인하여 발생하는 비용만을 기준으로 비용의 전체적 규모를 파악하고 다양한 정책적 수단 간 비용의 비교를 하는 것이다.

일곱째, 통계를 분석하는 방법이다. 이 방법은 특정 공공기관과 외부환경 또는 외부요인의 관계, 목표와 효과의 차이가 분명한 원인을 분석하고 판정하려는 것이다. 그러나 이러한 요인 등이 계량적인 수치로서 표시될 수 있어야 한다는 전제가 이 방법의 한계다.

(2) 시기에 따른 구체적 분류

입법과정에서의 심사와 평가의 시기에 따라 입법평가를 3단계로 나눌 수 있다. 장래의 바람직한 입법을 위해서 미래전망형 입법평가인 사전평가와 부가평가, 그리고 이미 제정된 입법에 대해 행해지는 사후평가가 있다.[36] 구체적 내용을 차례대로 살펴보겠다.

---

36) Carl B ehret · Goetz Konzendorf, Handbuch Gesetzesfolgenabschaetzung,

첫째, 사전적 입법평가이다. 입법과정의 단계에서 입법의 필요성을 분석하거나, 그 입법에 대한 대안이 있는지 등에 대한 분석하는 것을 말한다. 사전적 입법평가는 입법절차의 일부로 간주된다.

이와 같은 방식은 입법안의 채택이나 실시의 가부를 검토하거나 복수의 법안 중에서 적절한 법안을 선택하는데 유용한 정보를 제공한다. 그리고 어떤 법률의 실시에 따라 예상되는 문제점과 다른 법률과의 관계 등을 정리하고 필요한 보완책 등을 검토하는데 유용하다. 그리고 사전적 입법평가는 해당 입법안이 시행되기 전에 실시하기 때문에 불확실성과 정보자료의 입수와 신뢰성 확보가 관건이 된다. 법률의 실시까지 제한된 시간 내에서 이루어져야 하는 제약도 있다.

둘째, 부가적 입법평가단계이다. 법률을 입안하고 법률안 초안을 의회에 제출하는 단계에서 효력의 최적화, 비용편익관계, 지속성, 이해가능성, 집행유용성, 시민에 대한 친숙성 등의 관점에서 법률안 초안을 심사하는 것을 의미한다.

구상단계에서는 사전적 입법평가단계에서 나온 결과를 가지고 합목적적인 심사항목에 의하여 검토된 부분을 법형식적 초안으로 확정한다. 그리고 심사항목을 고려하여 적합한 절차와 심사도구를 선정한다. 이와 같은 방법으로 평가절차를 진행한다. 진행단계에서는 피수범자를 참여시킨다. 이러한 절차를 통해서 법률의 시행으로 발생할 수 있는 부작용에 대한 우려를 최소화하고 법안의 최적화를 목적으로 한다. 따라서 결과에 따라 법안의 보완과 개정안이 도출되도록 한다.

셋째, 사후적 입법평가단계이다. 입법의 사후적 적용단계에서 법률의 목표달성 여부 및 기존의 법률을 유지할 것인지 수정, 폐지 또는 새로

2001, S.5ff.

제정할 것인지에 관하여 평가하는 것을 의미한다. 사후 평가는 정부가 추진하는 규제개혁의 측면에서 행해지는 경우가 많다.

사후적 입법평가는 법률의 목표달성의 정도를 심시 및 파악하고, 시행된 규제관련 법률의 부작용 및 여러 가지 효과를 인식하며, 현행법의 개정 및 보완 여부를 목적으로 한다.

입법과정에서 위와 같이 단계별 입법평가의 과정을 통하여 사회 다양한 집단 및 계층으로부터 합의의 도출 및 반영이 가능하여 민주적인 방식이 될 것이다. 법률의 완성도를 높이고 실효성을 높이기 위해서 단계별 입법평가제도가 필요하다.

(3) 입법평가의 기준

입법평가는 입법의 효과와 관련되는 것으로 가장 보편적인 입법평가 기준은 실효성, 유효성과 효율성이다. 이와 같은 입법평가의 기준 중에서 특히 효율성이라는 지표는 전통 법학에서의 논의되는 주제와는 거리가 있으며, 경제학을 이론적 근거로 하고 있다.[37] 경제학에서 이와 관련된 부분을 연구하는 것을 법경제학이라고 한다.

입법평가의 기준에서 실효성은 법률의 적용대상이 되는 개인, 기업 등의 행위가 법률에 부합하는지, 법률적용대상 집단의 행위가 입법가들에 의해 규정된 규범에 의한 것인지를 고려하는 것이다. 즉 입법과정에서 예상했던 효과와 실제 결과와의 관계가 어떤가를 살펴보는 것이다. 이러한 실효성의 요소로 입법과정에서 합의와 법 자체에서 강제하는 수단의 정도, 수범자들의 법에 대한 인식 지식의 상태, 법률과 현실의 차이 등

---

37) 平井宣雄, 국회사무처 예산정책국 역, 법정책학: 법제도설계의 이론과 기법, 국회사무처 예산정책국, 2003, 78면.

이 고려의 요소가 된다.

입법평가의 기준에서 유효성은 법률이 입법시 추구한 목적을 달성하는가에 관한 것이다. 입법이 왜 필요한지 규제의 경우 그러한 규제가 왜 필요한지를 설명해주는 입법과정에서 명백히 확인되어야 할 제일 중요한 요소이다.

법률에서 입법의 목적은 반드시 조문화되어야 하는 것은 아니다. 대부분의 법률은 조문형식으로 그 법의 목적을 명시하고 있으나 그렇지 않더라도 법률안 검토 보고서나 회의 상정기간동안 공식화된 보고서에 표현되거나 이를 통해서 알 수 있어야 한다.

입법평가의 기준에서 효율성은 입법과정이나 법률의 시행으로 발생하는 비용과 그 효용 사이의 관계를 의미한다. 비용은 법률의 이행에 따라 야기되는 직접적인 금전적 결과뿐만 아니라 심리적·정서적 불안과 같은 정신적인 요소를 말한다. 그리고 입법에 의해 발생되는 부정적 효과까지 광범위하게 포함한다. 편익은 입법의 목적과 관련되는 것으로 목적에 적합한 모든 효과와 나아가 목적의 실현이라고 할 수 있다.

이와 같은 비용·편익 분석에서는 법률의 시행으로 발생하는 사회적 비용과 사회적 편익을 화폐가치로 환산이 가능할 경우 법률의 타당성 판단이 용이하다. 그러나 현실적으로 입법평가에서 각각의 가치를 화폐나 수치화 할 수 있는 경우가 많지 않으며, 우연의 관계, 법률간 상호 대립적인 목적 등으로 인해 화폐가치로 비용·편익분석이 불가능한 경우도 많다. 이 같은 경우 사회적 편익은 차치하고 그 시행으로 발생하는 비용만을 기준으로 하여 분석을 하기도 한다.[38)]

---

38) 정호영, "입법평가를 위한 법경제학적 접근방식에 관한 연구", 중앙대 대학원 박사학위논문, 2003. 12, 81-108면.

3. 입법평가의 효과와 한계

입법평가는 법률의 제정으로 발생할 수 있는 모든 효과를 고려함으로써 법률의 질을 개선하는 것과 법률의 빈번한 개정에 따른 법적불안정성 제거를 목적으로 한다. 과학적 방법을 통해서 포퓰리즘적 즉흥적 입법을 제한다고 불확실성을 제거할 수 있다. 그리고 입법의 객관성을 유지하기 위한 도구의 하나이다. 또한 입법자는 입법의 평가를 통하여 각종 사회적 집단의 의향을 파악할 수 있으므로 법률은 광범위한 의견수렴의 성과물로 인식되어 민주적인 법률의 성립에 기여한다. 이러한 절차를 거쳐서 만들어진 법률은 국민의 신뢰를 획득하게 되고 법적 안정성도 확보할 수 있다.

그러나 입법평가도 다음과 같은 경우에 효과가 제한되는 한계를 가진다.[39] 첫째, 다양한 이해관계의 충돌과 변수로 인한 현실적 복잡성으로 국가가 입법을 통해 모든 것을 조정하는 것에는 한계가 있다. 예측이나 분석은 가변적인 것들 가운데서 일부분만을 고려할 수 있으며, 오늘날의 사회는 신속한 변화를 특징으로 하는 것도 그 이유가 된다. 따라서 입법평가의 과정들이 언제나 예견 가능한 경과를 거치는 것은 아니며, 예견할 수 없는 상황전개나 결과가 초래될 수 있다.

둘째, 정치인들의 입법평가에 대한 거부감이나 저항도 한계점으로 지적된다. 입법평가는 도출된 결과에 따라 진행과정이나 목적을 통제하거나 평가할 수밖에 없다. 의회의원들은 자신들의 입법행위를 할 수 있는 형성적 권리가 입법평가를 통해 침해될지 모른다는 불안감을 지니게 된다.

셋째, 입법평가는 정보인프라의 구축 및 비용이 필요하다. 따라서 행

39) 박영도, 앞의 책, 668면.

정행위의 효율성의 요청에 따라 입법평가제도가 평가를 통해서 가치가 있는 제도인지 문제될 수 있다. 즉 비용의 대체가능성이 있는가라는 정치적·실천적 문제가 제기된다.

넷째, 입법평가의 제도화는 시간이 흐름에 따라 중요성에 대한 인식의 감소되어 단순히 거쳐야 되는 절차상 한 부분으로 간주될 경우 제도에 대한 회의론이 대두될 수 있다. 이 경우 번거로운 형식주의 내지 무의미한 절차로 변질될 가능성이 있다.

결국, 입법평가제도에 위와 같은 한계와 위험성이 존재하더라도 더 나은 법률을 위한 '입법개선'이라는 명제는 피할 수 없는 과제이며 시대적 요청이라고 할 수 있다.

4. 입법평가제도의 제도화

(1) 제도화를 위한 요건

입법평가의 제도화를 위해서는 근거가 되는 법률의 제정이 우선이다. 어떠한 단계의 입법방식으로 제도화를 할 것인지는 뒤에서 구체적으로 살펴보겠다. 법률의 제정을 위해서는 학계와 실무를 담당하는 정부기관 및 국회와의 상호협력이 필요하다. 입법평가의 방법과 유형 그 결과의 반영방법에 대한 논의와 협의가 필요하다.

다음으로 입법평가의 투명성이 요구된다. 이는 평가도구의 객관성과 평가과정의 합리성 확보 및 평가과정의 사후 공개를 통해 확보될 수 있다. 이러한 투명성을 확보하기 위한 전제조건은 평가기관이 각종 이익단체나 정치적 세력으로부터 자유로운 상태에서 입법평가를 하기 위해서

는 평가기관 및 평가인력이 원활하게 운영·유지될 수 있어야만 한다.[40)]

그리고 입법평가의 제도화를 위한 대국민 홍보가 요구된다. 입법평가제도에 대한 전문지식을 갖고 있는 학자나 실무가들은 입법평가제도에 긍정적이다. 그러나 대다수의 국민들은 이 제도의 취지나 목적, 필요성에 대한 인식이 낮다. 입법평가제도가 무엇을 목적으로 하는지 이를 도입함으로써 얻는 효과와 장점에 대한 적극적 홍보를 통해서 입법평가제도의 필요성을 부각시켜야 한다.

(2) 법규를 통한 제도화

입법평가의 법제도화의 근거는 방법에는 여러 가지가 있을 수 있다. 헌법적 수준에서 규정하는 방식, 법률수준에서 규정하는 방식 또는 하위법령에서 법적 근거를 규정하는 방식을 언급할 수 있다.

먼저 법률을 통한 입법평가의 제도화를 생각할 수 있다. 이른바 '입법평가에 관한 법률'을 제정하는 경우에 해당한다. 이러한 방식에 의하면 해당 법률은 국회를 포함한 모든 입법자를 구속하는 효과를 가진다. 입법의 질적 향상을 기할 수 있는 장점이 있으나, 입법자의 정치적 형성의 자유의 침해된다는 점이 단점으로 지적된다. 현실적으로 법률로서 입법을 담당하는 국회의원을 강제할 수 있는 내용의 입법평가제도를 만들 수 있을지가 문제된다.[41)]

법규명령 형식을 통한 입법평가의 제도화를 고려할 수 있다. 독일의 연방 부처간 업무규칙(GGO)과 같은 방법을 통한 제도화이다. 국회 자체 규칙으로 의원입법의 경우 입법평가를 하도록 자율적으로 규율할 수 있

40) 최윤철·홍완식, 앞의 논문, 46면.
41) 최윤철·홍완식, 앞의 논문, 53면.

다. 이러한 방식은 법률안을 마련하는 주관 행정부처와 협력 행정부처 간의 관계 및 입법주도 행정부처 기관내부의 협력 관계 등이 전제된다면 매우 효율적인 방식이 될 수 있다. 그러나 법규명령 형식의 입법평가제도는 효율성이 떨어지는 단점이 있다. 입법평가과정을 거치지 않고 제정된 법률에 대한 통제가 불가능하기 때문이다.[42] 따라서 법규명령 형식의 입법평가제도가 실효성을 가지기 위해서는 입법자와 관련업무 종사자가 입법평가제도의 필요성에 대해서 높은 인식을 갖게 하는 것이 중요하다.

그리고 행정부 내부의 업무규칙 또는 조직규칙에 의한 제도화의 방식이 논의될 수 있다. 이 경우도 법규명령으로 하는 경우와 유사한 장점을 가지나 그 범위가 단지 해당 부처에 국한되는 단점이 있다. 그러나 비록 업무규칙 및 조직규칙의 형식으로 규정되더라도 그 규칙의 적용을 받는 소속 부서 공무원은 법의 효력에 준하는 사실상의 강제를 받기 때문에 제한적이지만 실효성이 있으며,[43] 무엇보다 입법형식보다는 제도를 쉽게 도입할 수 있는 장점이 있다.

따라서 헌법적 수준에서의 제도화는 현 시점에서 불가능하기 때문에 논의에서 제외하기로 한다. 그 외 검토될 수 있는 방법 중에서 제도의 계속적 시행 보장과 실효성 확보를 감안한 방법이 선택될 필요성이 있다. 입법과정이 복잡한 이해관계자의 이익을 조정해야 하는 어려운 일이고 이 과정에서 강제적 방법을 통한 의견이나 결과의 반영이 불가피한 점을 감안할 때 법률적 수준에서 입법평가의 제도화가 바람직하다.

그리고 입법평가의 방법은 사전적 평가에서 사후적 평가까지 다양한

---

42) 홍준형·최은진·김난영, "입법평가법제화방안에 관한 연구", 법제처 연구보고서, 2006, 61면.
43) 최윤철·홍완식, 앞의 논문, 55면.

방법이 고려될 수 있다. 사전적 평가의 경우 미래를 예측해야 하는데 급변하는 사회 속에서 정확한 결과를 얻기가 어렵다. 만일 도입이 된다면 체계적이고 과학적인 방법이 강구되어야 할 것이다. 제도의 도입이 논의되는 현재의 시점에서는 사전적 평가보다는 사후적 평가에 중점을 두어 우선적으로 도입하는 것이 바람직하다. 사전적 입법 평가는 사후적 입법 평가의 안정적 정착 후 충분한 준비를 통해서 객관적으로 그 효과를 도출할 수 있는 정도에서 그 범위를 확대하는 방법으로 도입되는 것이 바람직하다.

(3) 입법평가 기구의 설립

입법평가의 제도화를 위해서는 이를 실행하고 감독할 기구가 필요하다. 사후적 입법평가를 할 수 있는 통합기구 또는 사전적 평가결과를 감독하는 감독기구 등을 만드는 것이 필요하다. 법규에서 입법자에게 입법평가를 권고한다면 실제 그렇게 하고 있는지를 통제하고 평가할 수 있는 구체적 기관 또는 부서가 있어야 한다. 이는 행정조직을 통한 제도화와 의회 내 조직을 통한 경우, 독립된 제3의 기관에 의한 경우로 구분하여 검토해 볼 수 있다.

행정조직을 통해 입법평가를 제도화하는 방식으로 먼저 입법평가를 전담하는 중앙의 독립된 행정기관을 설치하여 해당 행정기관이 입법평가를 전담하게 하는 방안이다. 일정한 입법의 주체가 되는 행정기관과의 긴밀한 협조아래 입법평가를 중심으로 정부 법률안의 통제를 담당하는 권한을 가지게 하는 형태이다.[44] 정부입법을 준비하는 기능을 하고 있는 법제처가 입법평가의 기능을 담당하게 하는 방법을 생각할 수 있다.

---

44) 홍준형·최은진·김난영, 앞의 논문, 62면.

다음으로 각 부서 내에 입법평가를 위한 자체적인 전문부서를 두고 해당 부서가 자신이 속해있는 행정기관의 입법안과 계획 등을 평가하게 하는 방식을 생각할 수 있다. 이러한 방식은 사전 평가단계에서 실효성이 높다는 장점이 있고 기존의 조직들을 이용할 수 있게 되므로 제도화에 따른 비용이 절감된다.[45)]

그리고 회계 및 직무감사를 기능으로 하는 감사기구에 입법평가의 권한을 주는 방안이다. 법률을 정책의 집행수단으로 보는 관점에서의 주장이다. 이러한 주장에 의하면 입법평가도 정책 및 직무감사의 한 부분으로 이해할 수 있고 그러한 경우에는 기존의 감사기구에 입법평가를 감사의 한 영역으로 확대하는 것이 될 것이다.[46)]

그러나 감사원 등의 기관의 역할이 국회에서 만들어진 법의 옳고 그름을 판단하는 것이 아니라 법의 내용이 어떠하든 법의 집행과정에서 집행기관의 잘못이나 법에 위반한 경우를 감사하고 감독하는 역할이기 때문에 입법 내용을 문제 삼는 입법평가 기관으로 바람직하지 않다고 본다.

국회 내에 입법평가를 위한 상임위원회를 두는 경우를 생각할 수 있다.[47)] 이 위원회는 법률의 평가만을 전담하면서 법률안 관련 주관위원회에 참가하는 것이 주요 업무가 될 것이다. 그리고 각 소관 위원회별로 법률이 결과평가를 전담할 수 있는 의원을 선정하여 소위원회를 구성하고 해당 소위원회가 해당 상임위원회의 권한범위에 해당하는 법률 및 법률안에 대한 평가를 책임 지도하는 방안을 생각할 수 있다.

또한 국회 내에 법률평가 전담부서를 설치하여 의원입법의 보좌 및

45) 최윤철·홍완식, 앞의 논문, 57면.
46) 홍준형·최은진·김난영, 앞의 논문, 63면.
47) 박영도, 앞의 책, 721면.

법률 및 법률안에 대한 입법평가를 담당하게 하는 안을 생각할 수 있다. 그러나 의회 내의 조직을 통해 입법평가를 제도화하는 것은 의원들이 입법평가의 필요성을 자발적으로 인식하고 동의할 때에만 가능할 것이다.[48)]

마지막으로 독립된 제3의 기관에 의해 입법평가를 제도화하는 것이다. 입법평가 전담기구로서 입법평가를 위한 정부위원회 등을 설치하거나 독립적인 학술 기관이 입법평가를 하도록 하는 방안이 있을 수 있다.[49)] 이 같은 방법도 법을 집행하는 행정부 내에서 입법평가를 전담할 경우 행정부가 입법권을 가진 국회의 권한을 침해할 수 있다는 비판을 받을 수 있다. 따라서 입법평가에 관한 법률을 제정하고 그 법에 근거하여 어느 기관에도 속하지 않는 제3의 독립된 기구를 만들어 입법평가를 제도화하는 것이 바람직하다.

48) 최윤철·홍완식, 앞의 논문, 59면.
49) 홍준형·최은진·김난영, 앞의 논문, 64면.

제5장 결 론

이상과 같이 국회 입법과정의 문제점과 개선방안에 대해서 살펴보았다. 입법이란 국민을 대표하는 국회가 법을 제정하는 행위 또는 법제정 행위의 결과를 말한다. 입법은 헌법적 규범 내에서 국민들 간의 권리의 보호와 조정, 국가에 대한 국민의 권리와 의무, 국가의 과제, 그리고 행사되는 방식을 규정한다. 헌법상의 가치는 구체적 입법과정을 거치면서 실현된다. 입법과정을 통해서 추상적인 헌법규정이 현실상황 속에서 구체적으로 적용되는 것이다. 그리고 국민의 신체적 자유와 재산의 보장뿐만 아니라 다원적 이익과 다양한 의사를 적절하게 조정하고 반영할 수 있다. 국가의 적극적 역할을 요구하는 국민의 뜻에 따르는 입법조치도 같은 의미를 가진다.

국회의 입법권은 법치국가에서의 입법의무와 직결된다. 헌법 제40조는 법률을 제정하거나 개정하는 입법권을 국민의 대표기관인 국회만 가지도록 규정하고 있다. 규율할 필요가 있는 경우 새로운 법률을 제정하거나 기존의 법률을 개정하거나, 기존의 법률을 존치할 필요가 없으면 해당 법률을 폐지하는 것은 입법권을 부여받은 국회의 의무이다. 이와 같이 국회는 입법개선의무를 가지며, 헌법재판소도 판례를 통해서 국회의 입법개선의무를 확인하고 있다.

그러나 국회는 입법개선의무를 다하고 있지 않다. 입법과정이 불투명하여 논란이 되는 경우, 신속한 입법이 필요함에도 그렇지 못한 경우, 충분한 검토 없이 다수의 법안을 제출하여 국회 입법활동 전체의 효율성을 떨어지게 하는 경우 등의 일이 자주 발생하고 있다. 이러한 문제점의 발생 원인이 어디에 있는지에 대해서는 다양한 분석이 가능하다. 입법과정 프로세스의 문제로 인해 발생하는 것일 수도 있고 이를 운용하는 주체의 문제일 수도 있다. 여기서는 제도, 즉 입법과정 프로세스에 한정하여 문제점을 정리하면 다음과 같다.

첫째, 입법과정에 국민의 참여기회 부족 및 투명하지 않아 민주적이고 합리적이지 못한 부분이 문제점으로 지적된다. 입법화되어 발효되는 법률 중에서는 국민의 일반 의사나 전체이익에 따르지 않고 부분의사나 일부의 이익을 대변하여 문제가 되는 경우가 있다. 이것은 입법과정 공개원칙에도 불구하고 입법과정 전체가 완전히 투명하게 공개되지 않기 때문에 발생하는 것이다. 그리고 입법과정에서 국민의 여론을 충분히 반영할 수 있는 제도적 장치가 부족한 것도 입법과정의 민주적 정당성을 약화시킨다. 이로 인해 정부주도의 입법에서는 정부와 여당과의 합의에 의한 국회 본회의 심의의 형식화·상임위원회 중심으로 인한 본회의심의의 형식화로 나타나고 있다. 따라서 입법과정 전반에 걸친 처리과정의 투명한 공개와 국민 직접참여 기회의 확대와 보장이 필요하다.

둘째, 입법과정의 비효율성과 신속성 부족이 문제점으로 지적된다. 국회가 만든 법률이 전체 국민에게 끼치는 영향을 감안할 때 입법과정은 민주적 절차에 따라 신중히 진행되어야 하나 최근 급속한 사회의 변화는 신중한 입법만큼 다양하고 신속한 입법을 요구하고 있다. 이러한 사회적 흐름에 따라 국회의 입법활동도 대폭 증가하고 있다. 의원제출입법에서 이러한 현상이 두드려진다. 그러나 신속한 입법이 요구되는 사안임에도 국회 입법과정의 비효율성으로 인해 방치되거나 때를 놓쳐 여론의 질타를 받는 현상은 문제점이다. 사후약방문식 입법은 주권자인 국민들이 정치권이나 국회를 불신케 하는 큰 원인이 된다.

의원입법의 증가 현상도 입법 활동 활성화와 다양한 입법이라는 측면에서는 긍정적으로 볼 수 있으나 질적인 측면에서는 문제가 있다. 표와 인기만을 의식한 포퓰리즘 입법과 완성도가 낮은 대량의 법안제출은 국회 전체의 법안 처리를 저해하는 원인이 되고 있다. 같은 사안을 두고 정당별, 지역별, 이념 등에 따라 다양한 법안이 쏟아질 경우 이로 인해 다른 법안의 처리에 방해가 되는 것이다.

위와 같은 문제점을 보완할 수 있는 방향으로 입법과정, 프로세스를 개선하여 국회의 입법개선의무를 충실하게 하는 것이 필요하다. 법률안 제출에서 심의, 공포에 이르는 입법과정의 개선과 입법에 관한 조사, 분석, 평가에 관한 효과적인 시스템을 구축하여 국회의 입법과정을 효율화 하여야 한다. 민주적 정당성을 확보하면서도 능률적 측면을 가미한 효율적인 입법과정을 통해 국민의 권익을 보호하고 경제적 부담을 주지 않는 방향이어야 한다. 구체적인 개선방안은 다음과 같다.

먼저 입법과정 프로세스의 민주적 정당성과 효율성 강화를 위한 개선방안이다. 민주적 정당성은 입법과정의 투명한 공개와 입법과정에서 국민의 직접참여를 통해서 부여된다. 개별적 개선방안으로 첫째, 입법청원제도 관련하여 청원 결과를 단순히 국민에게 통보하고 그 심사의 효율성에만 중점을 두기 보다는 실질적으로 법률의 제·개정 과정에 국민의 의견이 반영되도록 할 필요가 있다. 청원인에게 청원심사일정이나 논의내용 통보 등 절차적 개선을 통해 실효성을 기할 수 있다.

둘째, 입법예고제도 관련하여 국회법에 따라 국회 입법예고에 관한 규칙이 2012. 02. 27. 제정되어 시행되고 있으나, 입법예고기간은 일부

개정법률안의 경우 10일 이상, 제정법률안 및 전부개정법률안의 경우에는 15일 이상으로 정하도록 하되, 특별한 사정이 있는 경우 간사와 협의하여 단축할 수 있도록 함으로 입법예고기간이 짧고, 예외까지 두고 있어 입법예고의 기능으로 충분하지 못하다. 입법예고제도의 취지에 부합하도록 입법예고기간을 충분히 하고 예외적인 경우를 엄격히 제한할 필요가 있다.

그리고 입법과정에 국민의 참여와 접근성을 증진시키는 제도가 마련되어 이를 실질적으로 보장하기 위해서는 입법과정에서 국민의 입법에 대한 정보의 접근이 용이해야 한다. 따라서 국회의 본회의뿐만 아니라 소위원회의 회의 전체와 회의록을 공개하도록 하여 국민에게 입법정보에 대한 접근을 확대하는 쪽으로 개선할 필요가 있다. 이를 통해 입법과정의 투명성도 확보할 수 있다. 구체적으로 국회방송의 적극 활용도 입법과정의 공개와 투명성 제고, 국민에게 입법과정에 대한 신속한 정보를 제공해주므로 유용할 것으로 생각된다.

셋째, 의원입법에 관한 절차적 통제가 필요하다. 의원입법이 증가하는 것은 국회의원의 대표성과 책임성을 담보로 국민의 다양한 의사를 법률안의 형태로 국회에서 논의될 수 있도록 한다는 측면에서 바람직 한 측면도 있지만 효율성과 내용면에서는 개선이 필요하다. 선심성 입법과 이익단체 등의 요구에 따른 입법을 추진한 사실이 뒤늦게 밝혀지는 경우도 있고 이러한 입법은 결국 국가의 예산상의 부담으로 이어진다. 따라서 법안의 비용추계제도를 의무화 하고, 예산부담에 대한 검증절차를 거치게 하는 것이 중요하다. 다행히 2014. 2. 임시국회에서 국회의원이 발의한 법안도 반드시 '비용추계서'를 첨부하도록 하는 내용의 개정 국회법을 통과시킨 것은 바람직한 조치라고 생각된다.

그리고 입안과정의 질적 향상을 위해서 정부입법에 있어서 법제처의 기능에 상응하는 국회 내 입법보좌기관의 조직을 확대 보완하고 독립적으로 운영될 수 있도록 보장해줄 필요가 있다. 의원입법의 경우 이 조직의 의무적 심사를 거치도록 하여 국회의원의 입법권 남용을 방지하고 위헌적 입법의 사전적 예방적 통제가 될 수 있도록 할 필요가 있다. 뿐만 아니라 국회의원의 입법 활동에 대한 객관적이고 과학적 평가방법 개발도 필요하다. 이를 통해서 국회의원이 양적인 활동에 얽매이지 않도록 할 필요도 있다.

그리고 국회 입법과정에서의 민주적 정당성 확보 및 대의민주주의에서 발생할 수 있는 역기능 보완을 위해 입법과정에서 국민의 참여기회 확대가 필요하다. 현행법상으로는 입법청원, 입법계획단계에서 의견수렴 절차 제도화, 주요법안에 대한 전문가 참여 및 공시제도 의무화 등이 구체적 방안으로 제시되기도 한다. 그러나 이 모두 단순 국민의 참여기회 확대 및 보장이라는 측면에서는 의의가 있을 수 있으나 참여가 입법으로 이어지는지 여부의 실효성 측면에서는 한계를 가진다. 국민의 입법에 관한 참여 기회 보장과 실효성 제고를 위해서 직접민주주의의 한 방법인 Initiative의 도입 검토도 필요하다. 현행 헌법에서는 제약이 있지만 주권자인 국민의 입법과정에 참여의 한 방법으로서 뿐만 아니라 대의민주주의를 보완하는 한 방법으로 개헌의 기회가 있을 때 논의해 볼 필요가 있다.

정책적 측면에서 입법과정 및 프로세스의 효율화 및 잘못된 입법으로 인한 국력소비 등을 방지하기 위한 입법평가의 도입이 필요하다. 국가의 역할 증대와 이에 대한 근거 및 규율 필요성의 증가에 비례하여 법규범의 양도 증가하고 있다. 이는 규범의 홍수, 졸속입법, 선심성 입법이나 정치적 대응입법 등으로 그 효과성, 수용성, 규범성이 떨어져 입법의 위기로 지적되고 있다. 이러한 부작용을 극복하기 위해서 입법과정에서 법

제정이 미치는 다양한 영향을 분석하고 평가할 필요가 있다. 그리고 입법의 필요성을 검토하고 입법의 효과를 측정하며 입법의 개선 필요성을 결정하는 평가제도의 마련이 필요하다.

입법평가를 제도화 하는 방법은 여러 가지가 있을 수 있지만 가능한 법률의 제정을 통하여 제도화 하는 것이 바람직하다. 법률상의 강제를 통해서 국회의원을 포함한 모든 입법자를 구속할 수 있기 때문에 직접적으로 입법의 질적 향상을 기대할 수 있다. 입법평가에 관한 법률에서는 이를 전담할 조직에 관한 내용도 포함되어야 한다. 이 조직은 입법평가제도의 실효성을 위해서 제3의 독립된 기관으로서의 성격을 가져야 할 것이다.

국민의 대표기관인 국회를 통한 입법은 대의민주주의를 기초로 한다. 대의민주주의는 인류의 오랜 역사와 경험에서 만들어진 제도이다. 국회의 역할 부족으로 필요성과 효율성에 대해서 많은 비판이 제기되기도 하지만, 입법과정의 제도적 개선과 국민의 참여확대를 통해서 대의민주주의의 위기를 극복해야 한다. 입법권은 국회가 가지는 가장 중요한 권한이기 때문에, 만일 국회가 입법의 권한 및 의무에서 제 기능을 다하지 못할 경우 대의민주주의의 위기는 심화될 수밖에 없다.

참 고 문 헌

1. 국내문헌

(1) 단행본

계희열, 통일독일헌법원론, 박영사, 2001.
권영성, 헌법학원론, 법문사, 2004, 2008.
김운용, 위헌심사론, 삼지원, 1998.
김철수, 헌법학개론, 박영사, 2004.
박영도, 입법학입문, 한국법제연구원, 2008.
박남규, 현대헌법과 입헌주의, 홍익출판사, 2010.
______, The Great Rehearsal, 홍익출판사, 2010.
성낙인, 헌법학, 법문사, 2008, 2014.
이준일, 헌법학강의, 홍문사, 2008.
이종상, 헌법상 권력구조, 경남대학교 출판부, 1997.
______, 헌법학, 법문사, 1997.
임종훈·박수철·임송학·박장호·이신우 공저, 입법과정론, 박영사, 2000.
장영수, 국가조직론, 홍문사, 2005.
전광석, 한국헌법론, 법문사, 2007.
정만희, 헌법과 통치구조, 법문사, 2003.
정종섭, 헌법연구 I, 박영사, 2004.
______, 헌법학원론, 박영사, 2014.

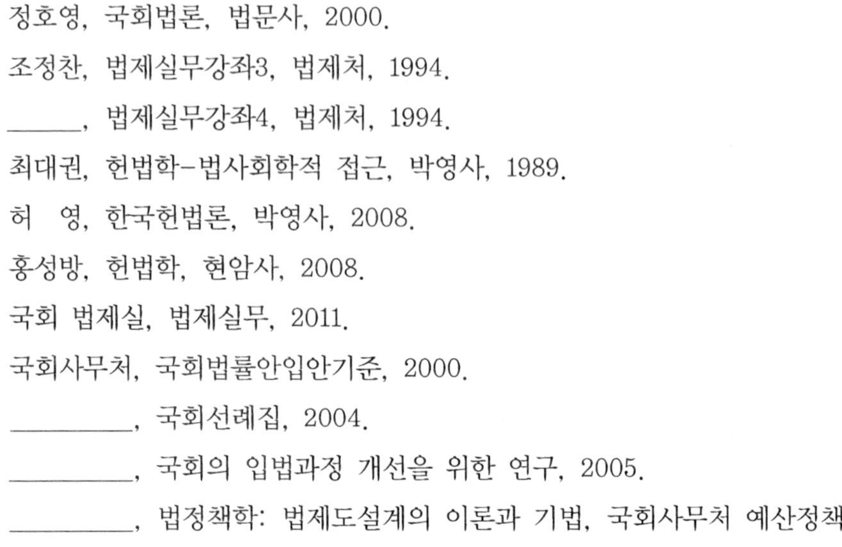

정호영, 국회법론, 법문사, 2000.

조정찬, 법제실무강좌3, 법제처, 1994.

_____, 법제실무강좌4, 법제처, 1994.

최대권, 헌법학-법사회학적 접근, 박영사, 1989.

허 영, 한국헌법론, 박영사, 2008.

홍성방, 헌법학, 현암사, 2008.

국회 법제실, 법제실무, 2011.

국회사무처, 국회법률안입안기준, 2000.

________, 국회선례집, 2004.

________, 국회의 입법과정 개선을 위한 연구, 2005.

________, 법정책학: 법제도설계의 이론과 기법, 국회사무처 예산정책국, 2003.

미래한국재단, 정치개혁의 종합적 추진전략, 2005.

(2) 논문 및 학술지

이발래, "국회입법형성권의 한계와 통제에 관한 연구", 건국대 박사학위논문, 1999.

박봉국, "의원입법 보좌기능의 전문화 방안", 국회 법제실·한국공법학회 공동학술대회 발표문, 2004.

김태식, "국가경쟁력 이제는 국회가 나설 때다-국회의 기능과 역할에 대한 이해", 월인, 2002.

김승환, "입법학에 관한 연구-입법의 주체·원칙·기술을 중심으로-", 고려대 박사학위논문, 1987.

계희열, "민주적 헌법국가에 있어서 의회입법의 기능", 고려대 법학논집 제26집, 1991.

고인석, "입법갈등해소 방안에 관한 연구-입법갈등해소를 위한 입법평가제도의 적용방안을 중심으로-", 동국대 박사학위논문, 2010.

권영설, "입법과정의 현황과 개선방안", 국회법제실·한국공법학회, 2005.

_____, "입법과정의 헌법적 조명", 공법연구 제34집 제3호, 한국공법학회, 2006.

김기표, "입법영향평가의 제도화에 관한 연구", 경희대 박사학위논문, 2011.

김대희·강현철·류철호, "입법평가기준과 평가지침에 관한 연구", 입법평가보고서 08-11, 한국법제연구원, 2008.

김병록, "국회의 위원회제도에 관한 연구-민주성·전문성·효율성을 중심으로-", 헌법학연구 제8집 제2호, 한국헌법학회, 2002.

김수용, "국회입법과정의 현황·문제점·개선방안", 국회입법조사처/한국입법학회/국회경제법연구회, 국회입법과정의 내실화와 입법영향분석 세미나 자료, 2012.

김수용, "국회 입법과정의 현황·문제점·개선방안", 입법학연구 제7집, 2010.

김수용, "입법평가의 개념에 관한 연구", 법제처, 2005.

민병로, "일본의 입법과정과 특징", 공법학연구 12권 제1호, 한국비교공법학회, 2011,

박균성, "입법의 질 제고에 관한 연구", 한국토지공법학회, 토지공법연구 제43집 제1호, 2009.

_____·김재광·전학선·정하명·홍완식, "입법과정의 선진화와 효율성

제고에 관한 연구", 법제처, 2008.
박남규, "미국 직접입법론", 동아법학 제6집, 1988.
박영도, "입법평가제도에 관한 연구", 입법학연구 제2집, 한국입법학회, 2002.
_____, "입법과정에서의 대국민 소통과 참여방안", 한국입법학회, 입법학 연구 제9집 제1호, 2012.
_____, 입법과정의 이론과 실제, 한국법제연구원, 1994.
법제처, "국민참여를 통한 입법 및 법제개선 방안 연구", 2004.
석인선 외 3명, "국회입법과정의 혁신에 관한 연구", 국회운영위원회, 2007.
이권우, "입법과정에 있어서의 입법부와 행정부 간의 협력", 법제연구 제13호, 한국법제연구원, 1997.
이방기·임종수, "법치국가에 있어서 입법", 전남대 법률행정 논총 제17집, 1997.
이상영, "입법의 원칙에서 본 한국의 입법자와 입법과정 분석", 입법학연구 창간호, 2000.
이성환·김수용·이상영·홍완석, "입법학의 실태 분석 및 반전을 위한 제도적 지원 방안 마련", 법제처, 2009.
이한규, "입법과정 개선에 관한 헌법적 고찰", 고려대 박사학위논문, 2002.
장영수, "헌법의 기본원리로서의 민주주의", 안암법학 제1집, 1993.
_____, "알권리와 의사공개의 원칙", 헌법실무연구 제4권, 박영사, 2003.
전용주, "미국 이익집단정치연구의 현황과 쟁점", 세계지역연구논총 제25집 제3호, 한국세계지역학회, 2007. 12.

정종섭, “한국 입법권자의 나아갈 길”, 국회법제실·한국공법학회 공동 학술대회자료집, 2006. 11.

정호영, “입법평가를 위한 법경제학적 접근방식에 관한 연구”, 중앙대 박사학위논문, 2003.

차진아, “독일의 입법절차에 관한 비교법적 고찰”, 의정연구 제14권 제1호, 한국의회발전연구회, 2008.

최송화, “한국의 입법기구과 입법자”, 법학 제25권 제4호, 서울대 법학연구소, 1984, 12.

최현선, “입법에 관한 헌법적 고찰”, 숙명여대 박사학위논문, 2009.

최희경, “입법과정에의 국민참여에 관한 연구”, 이화여대 법학연구소, 2007.

최윤철·홍완식, “입법평가제도의 도입방안에 관한 연구”, 법제처, 2005. 11.

홍완식, “규제개혁과 입법정책”, 공법연구, 2008. 2.

______, “의원입법에 대한 합리적인 통제방안”, 저스티스 106호, 2007. 2.

홍준형·최은진·김난영, “입법평가법제화방안에 관한 연구”, 법제처 연구보고서, 2006,

홍준형, “입법평가의 법제화 방안에 관한 연구”, 법제처, 2006. 12.

2. 외국문헌

(1) 영미

Curtis W. Copeland, *Negotiated Rulemaking*, CRS Report for Congress, 2006.

Daalder Hans, *Government and Opposition in the New States,* International Political Sciences Association, 1965.

Michael Zander, *The Law-Making Process*, 4th ed, London, Butterworths, 1994.

Paul Silk, *How Parliament Works,* London, Longman, 1987.

Pye Lucian, *Non-Western Political Process*, The Journal of Politics, vol.20, 1958.

William J. Keefe & Morris S. Ogul, *The American Legislative Process : Congress and States,* 10th edition, University of Pittsburgh, 2001.

Charles W. Johnson, *How Our laws Are Made*, DIANE Publishing, 2003.

(2) 독일

Brun-Otto Bryde, "Stationen, Entscheidungen und Beteiligte im Gesetzgebungsverfahren", in: Hans-Peter Schneider/ Wolfgang Zeh (Hrsg.), Parlamentsrecht und

Parlamentspraxis in der Bundesrepublik Deutschland 1989.

Carl B hret, G tz Konzendorf, Handbuch Gesetzesfolgenabsch tzung (GFA): Gesetze, Verordnungen, Verwaltungsvorschriften, Nomos Verlag, 2001.

Christian Heyer, Stephan Liening, Gesetzgebung, Berlin : Dt. Bundestag, 2006.

Ch. Heyer und S. Liening, Gesetzgebung, 2. Aufl., 2006.

Christop. Grimm, Gesetzesfolgenabsch tzung – M glichkeiten und Grenzen – aus der Sicht des Parlaments, Zeitschrift f r Rechtspolitik, 2000.

Daniel Kettiger, Kooperative Rechtsetzung – Gedanken zur Zusammenarbeit von Regierung und Parlament, LeGes 1999. 2.

E. Klein, *Gesetzgebung ohne Parlament?*, 2004.

F. Ossenbühl, "Gesetz und Recht", in: Handbuch des Staatsrechts, Bd. Ⅲ, 1988.

G. Leibholz und H. J. Rinck, *Grundgesetz für die Bundesrepublik Deutschland, Grundgesetz*, 4. Aufl., 1971.

H. – J. Mengel, "Grundvoraussetzungen demokratischer Gesetzgebung. Zur Notwendigkeit einer Prozeßordnung des inneren Gesetzgebungsverfahren", ZRP 1984.

H. H. v. Arnim, "Grundfragen der Kontrolle von Gesetzgebung und Verwaltung", D V 1982.

H. Helmrich, "Politische Grundsatzdiskussion oder Verbesserung der Regelungsthechnik als Aufgabe der Bundesausschüsse", in: Hermann Hill(Hrsg.), *Zustand und Perspektiven der Gesetzgebung,* 1989.

H. J. Mengel, "Die Funktion der parlamentarischen Anhőrung im Gesetzgebungsprozeß", D V 1983.

H. Meyer(Hrsg.), *Abstimmungskonflikt im Bundesrat im Spiegel der Staatsrechtslehre,* 2003.

H. Schneider, Gesetzgebung. Ein Lehr-und Handbuch, 3. Aufl., 2002.

H. Schulze-Fielitz, "Gesetzgebung min materiales Verfassungsverfahren. Die Befugnisse des Vermittlungsausschusses und die Aufspaltung von Gesetzen", NVwZ 1983.

H. Schulze-Fielitz, *Theorie und Praxis parlamentarischer Gesetzgebung,* 1988.

J. Jekewitz, in: Rudolf Wassermann (Hrsg.), *Alternativkommentar zum Grundgesetz,* Bd. 2, 1989.

K. Schlaich, "Die Funktion des Bundespräsidenten im Verfassungsgefűge", in: *Handbuch des Staatsrechts,* Bd. Ⅱ, 1987.

L. Kissler, "§ 36 Das Plenum", in; Hans-Peter Schneider/ Wolfgang Zeh (Hrsg.), *Parlamentsrecht und Parlamentspraxis in der Bundesrepublik Deutschland,* 1989.

M. Schűrmann, "Die Umgehung des Bundesrates im sog." Ersten Durchgang, "einer Gesetzesvorlage", *AőR* 1990.

Martin Morlok, ffentlichkeit der Sitzungen; Mehrheitsprinzip, in: Horst Dreier, Grundgesetz. Kommentar, Bd. Ⅱ, 2 Aufl., 2006.

Michael Zander, The Law-Making Process, 4th ed, London, Butterworths, 1994.

P. Blum. "Wege zu besserer Gesetzgebung – sachverständige Beratung, Begründung, Folgeabschätzung und Wirkungskontrolle; Gutachten I für den 65. Deutschen Juristentag", in: *Verhandlungen des Fünfundsechzigsten Deutschen Juristentages Bonn 2004*, Bd. 1, 2004.

R. v. Lucius, "Gesetzgebung durch Parlamentsausschüsse?", AöR 1972.

Th. Maunz, in: *Maunz-Dürig Kommentar zum Grundgesetz,* Bd. V, 1994.

U. Scheuner, "Die Aufgabe der Gesetzgebung in unserer Zeit", in: ders., Staatstheorie und Staatsrecht. Gesammelte Schriften, 1978.

W. Thierse, "Wege zu besserer Gesetzgebung: sachverständige Beratung, Begründung, Folgeabschätzung und Wirkungskontrolle", NVwZ 2005.

W. Zeh, "Parlamentarisches Verfahren", in: *Handbuch des Staatsrechts,* Bd. Ⅱ, 1987.

(3) 일본

比較立法過程研究會編, 議會における立法過程の比較法的研究, 勁草書房, 1980.

松澤浩一, 國會における法律案の審議, 法學敎室, No. 173, 1995. 2.

伊藤直, "內閣立法の 企劃立案", 大森政輔, 鎌田薫編, 立法學講義, 商事法務, 2006年.

中島誠, 立法學-序論·立法過程論, 法律文化史, 2007.

3. 인터넷 사이트

http://likms.assembly.go.kr/bill/jsp/main.jsp.

http://www.moleg.go.kr/lawinfo/status/statusReport.

http://www.bverfg.de/entscheidungen/es20041208_2bve000302.html.

http://likms.assembly.go.kr/bill/jsp/main.jsp.

http://ko.wikipedia.org.

ꕥ Abstract ꕥ

A Study on the Improve legislative process of national assembly

by Kwak, Hong-Gyu
Major of Public, Dept. of Law
Graduate School, Changwon National University

The principle of separation of powers has become a basic principle to create a form of government in the country since the modern democracy as ideology.

Legislative power belongs to the National Assembly consisting of the representatives of the people. Laws made by the National Assembly that It is necessary objective and justification in the legislative process. because of it direct influence to the freedom and rights of citizens. Legislative procedure shall comply with the same requirements below.

Legislative process should be democratic. The legislative process is adjusted to the interests of the community members. And it shall be adjusted appropriately reflect the pluralistic interests of the people. However The legislative process in National Assembly is not very democratic. Legislation in the Congress without being democratic, minorities may not have the opportunity to opinions appears. In some cases, it is often that the process of discussion and persuasion omitted.

The legislative process will be efficient. This is because it is necessary to quickly respond to a variety of national legislative requirements. And because society is changing rapidly developing. However, it is not efficient legislative process in National Assembly. Because they must reflect the variety of opinions in the legislative process and to protect the rights of minorities.

Procedures and practices of the legislative process should have a democracy and efficiency. there is a need for a constitutional argument for the improvement of the legislative process, Submission of the bill, deliberation and decision-making.

And Legislative powers of the National Assembly is not terminated by the amendment and repeal and enactment of the law. Legislative power shall be exercised actively to protect the system of state and the basic rights, and helping the changes of society and environment in which the discipline targets. For the smooth functioning of the responsibilities and duties of the National Assembly is necessary to study on the improvement of the legislative process.

My doctor's thesis is aimed at improving the legislative

process. On the basis of all above, this study is arranged as follows :

In chapter 1, I express the purpose of this study, establish the scope of my study and the method of my study. The purpose of this study is to improve the legislative process and make a good law.

In chapter 2, generalizations about the National Assembly legislative process is a theoretical study on the functions and procedures, and the contents of the legislation. In this chapter, to clarify the concept of legislation, looked at the whole legislative process overview. Submission of the bill, a bill of deliberation and decision-making, and in accordance with the procedures of the law, including the promulgation of legislation closely examined how the specifics are made.

Chapter 3, this chapter provides a comparison of the leading national legislation. The study of the major countries that are operating in the National Assembly reasonably. To represent the law of Anglo-American, the United States, the United Kingdom. And in the center of the EU, Germany, representing Europe. The geopolitical and historical near Japan to Korea as an object of discussion. Through the comparison of the legislative process and the characteristics of the countries discussed, reference to the legislative process improvement derived in Korea.

Chapter 4, I looks at the problems and improvement of the National Assembly for legislation. In this chapter, we present the problems and improvement of each legislative process in order to achieve democracy and efficiency of the legislative process. Before I review what is the problem with the legislative process, and than suggest improvement of the legislative process, the introduction of legislative evaluation system, and explain how to expand public participation opportunities.

Chapter 5, I conclude this study and organize a comprehensive discussion of the above. I propose the legislative process to enhance democracy and efficiency improvements in the National Assembly.

❖ **Key Word:** Legislative process, Legislative Procedure, Legislative, National Assembly, Legislative evaluation system.

국회 입법과정 개선에 관한 연구

인 쇄 / 2015년 12월 21일
발 행 / 2015년 12월 30일

지은이 / 곽 홍 규
발행인 / 김 창 석
발행처 / 홍익출판사
대구광역시 중구 명륜로23길 38-4
(053) 421-6700, 427-3627
등록 1987년 11월 26일 제1-107호

정가 15,000원

ISBN 978-89-7826-273-6 93360

◈ 파본은 구입처에서 교환해 드립니다.

「이 도서의 국립중앙도서관 출판예정도서목록(CIP)은 서지정보유통지원시스템 홈페이지(http://seoji.nl.go.kr)와 국가자료공동목록시스템(http://www.nl.go.kr/kolisnet)에서 이용하실 수 있습니다.(CIP제어번호: CIP2015035306)」